智库人才培养联盟
THINK TANK TALENT ALLIANCE

智库人才报告
2024

THINK TANK TALENT REVIEW
2024

潘教峰 等 —— 著

社会科学文献出版社
SOCIAL SCIENCES ACADEMIC PRESS (CHINA)

《智库人才报告》研究组

总 负 责 人　潘教峰

执 行 负 责 人　李颖明

报告主要执笔人　（按姓氏笔画排序）

王辉耀　乌云其其格　左晓利　朱光明
刘 杨　刘明熹　　　沈 华　张芳祺
苗 绿　周建中　　　郑金连　袁永娜

案例主要执笔人　（按姓氏笔画排序）

孔 宁　朱 江　任艺林　刘海霞　江小辉
李 剑　李君伟　苗 绿　郑金连　郑培苗
赵丹妮　柳 琳　袁 为　倪 好　高妍春
席智强　唐聪聪　童红娟　廖令鹏

工作组主要成员　杨建祖　于 辉　徐 崇　殷宗萍　刘诗敏
郑婉婷　陈美晨　袁永娜　吴天娇

支 持 单 位　　中国科学院科技战略咨询研究院
　　　　　　　　中国社会科学院国家全球战略智库
　　　　　　　　中国宏观经济研究院
　　　　　　　　清华大学国家治理与全球治理研究院
　　　　　　　　中国人民大学国家发展与战略研究院
　　　　　　　　综合开发研究院（中国·深圳）
　　　　　　　　浙江大学区域协调发展研究中心
　　　　　　　　中国社会科学院大学政府管理学院
　　　　　　　　中国电子信息产业发展研究院
　　　　　　　　中国网络空间研究院
　　　　　　　　自然资源部油气资源战略研究中心
　　　　　　　　全球化智库（CCG）
　　　　　　　　中电数字场景科技研究院
　　　　　　　　南方电网能源发展研究院
　　　　　　　　文化和旅游部中外文化交流中心
　　　　　　　　中国科学院大学公共政策与管理学院
　　　　　　　　北京师范大学中国教育与社会发展研究院
　　　　　　　　北京师范大学社会学院
　　　　　　　　北京科技创新研究中心
　　　　　　　　湖北江城实验室战略研究院
　　　　　　　　浙江大学中国科教战略研究院
　　　　　　　　中国航天工业科学技术咨询有限公司

序 言

智库是国家治理体系的重要组成部分,在中国式现代化建设中发挥着日益重要的作用。我国 2015 年提出开展国家高端智库建设试点工作,以习近平同志为核心的党中央高度重视智库建设,从国家层面出台了《关于加强中国特色新型智库建设的意见》《国家高端智库建设试点工作方案》等纲领性文件,指导各部门和各地方有序推进智库建设。近年来,我国有一批具有决策影响力、社会影响力、国际影响力的专业化智库逐步成长起来,成为国家治理体系和国家软实力的重要组成部分,为党和政府决策提供了有力的智力支持,对推动国家治理能力现代化和国际竞争力的提升提供了重要支撑。

我国进入到以中国式现代化全面推进强国建设、民族复兴伟业的关键时期,面对纷繁复杂的国际国内形势,面对新一轮科技革命和产业变革,面对人民群众新期待,许多新情况、新问题涌现出来,许多影响改革创新发展的重大问题亟待破解,这就对智库研究提出了更高的要求。智库面临越来越多的复杂系统问题,需要基于科学的方法将复杂的问题解析为专业领域的子问题,开展基于专业领域的融合研究,提出可行的智库方案,为决策部门提供支撑和参考。专业化的人才队伍是开展复杂智库研究的最基本条件,成为智库高质量发展的核心要素,是提升决策咨询能力的关键所在。

近年来,我国智库建设事业快速发展,智库人才队伍规模不断壮大,能力素质显著提升。但相较于复杂决策问题对决策咨询研究与成果科学、精准、系统的要求，我国智库人才无论是数量上还是质量上都远远不能满足需求。当前智库人才队伍建设存在领军人才和跨学科跨领域的复合型人才不足的结构性矛盾，智库人才的职业发展路径和通道不健全，智库人才的有组织研究机制不够完善等。

中国科学院科技战略咨询研究院（以下简称"战略咨询院"）是首批参加国家高端智库建设试点的专业机构，是中国科学院学部发挥国家科学技术方面最高咨询机构作用的研究和支撑机构，是中国科学院率先建成国家高水平科技智库的重要载体和综合集成平台。战略咨询院自成立之初就不断探索中国特色的智库建设道路，走出了专业化、科学化和学科化的发展道路，在国家高端智库建设试点综合评估中名列前茅。基于多年智库研究的思考，我带领团队研究出版《智库 DIIS 理论方法》《智库双螺旋法理论》《智库科学与工程导论》，形成了智库理论创新的"三部曲"。战略咨询院构建了"人才、学科、智库"三位一体的人才培养模式，2022 年，获批教育部"高端科技智库人才培养"专项，在公共管理一级学科下设置"智库理论与方法"特色方向，建立了系统的智库人才培养体系。战略咨询院在国内首次提出"智库科学与工程"学科，随之把"智库理论与方法"特色方向调整为"智库科学与工程"，2023 年开设智库双螺旋法核心课程，夯实了智库研究的学理基础。

随着智库建设的深入发展，大家愈发认识到，专业化智库人才是智库高质量发展的核心要素，对其的共识度也越来越高。为贯彻落实党的二十大"教育、科技、人才"一体部署要求，建制化培养符合中国式现代化新要求的高水平智库人才，有效应对智库人才培养所面临的问题和挑战，2023 年 3 月战略咨询院牵头，与国内智库单位共同发起成立智库人才培养联盟（以下简称"联盟"）。联盟旨在搭建平台，分享思想，开展智库人才培养的实践探索，目标是持续完善智库人才的建制化培养体系和培养模式，培育和丰富智库科学相关的新兴交叉学科生长点，推动"智库科学与工程"交叉学科建设，为中国特色新型智库建设提供强有力的人才保障。联盟得到各方面积极支持，发展迅速，成员单位已达 113 家。联盟成立了战略咨询委员会和学术委员会，组织架构不断完善。一年多来，联盟围绕党和国家重大决策需求，以培养创新型、实践型、复合型的智库人才为目标，围绕智库学科建设与人才培养，坚持问题导向，开展深入的调查、研究和讨论，形成的会议成果和研究报告报送国家相关部门，为推动我国智库建设和智库人才队伍建设建言献策。

目前我国尚无关于智库人才的系统研究，智库人才的内涵特征和能力要求都与传统人才不同，我国已有的人才工作和人才项目中也没有专门的智库人才类别。研究我国智库人才规模、队伍结构、能力特征，跟踪智库人才培养的典型案例与路径探索，分析我国智库人才队伍的问题并提出建议，智库人才培养联盟责无旁贷。

《智库人才报告》是联盟的一项重要成果。从 2023 年 9 月起，战略咨询院牵头组织联盟单位联合开展报告的研究撰写工作，从智库人才的基本内涵和能力要求、我国智库人才队伍特征、国外智库人才队伍发展、智库人才队伍发展的问题与建议等方面初步建立了智库人才报告的框架，力图全面反映我国当前智库人才队伍状况，包括智库人才总量、结构以及智库人才培养经验、智库人才支持政策、智库人才发展诉求等，为国家高端智库建设提供参考。

报告的撰写得到了联盟单位的大力支持，有 20 多家单位的 40 多名人员参加了报告的撰写和案例的总结。在此致以衷心地感谢！作为我国第一本智库人才报告，我期望本书能够作为一块引玉之砖，激发更多的关于智库人才的知识体系、培养方式以及成长规律的思考和实践。书中不尽如人意之处，请不吝赐教！

新时代是智库建设大发展的时代，是智库人才大有作为的时代，希望胸怀"国之大者"的智库共同体携手推进中国特色新型智库高质量发展，为全面建设社会主义现代化国家谱写壮丽篇章。

中国科学院科技战略咨询研究院院长、研究员

2024 年 8 月

目 录

第一章 总 述 / 001

第二章 智库人才与队伍的内涵、能力与培养路径 / 004
  一 智库人才与人才队伍的内涵 / 005
  二 智库人才队伍的能力要求 / 012
  三 智库人才的培养方法与路径 / 022

第三章 我国智库人才队伍特征定量分析与研究 / 029
  一 研究数据来源 / 029
  二 研究方法 / 030
  三 研究结果分析 / 030
  四 研究小结 / 052

第四章 国际智库人才队伍发展 / 054
  一 国际智库发展现状趋势与人才队伍建设经验 / 054
  二 美国智库及其人才队伍发展现状 / 065
  三 欧洲智库及其人才队伍发展现状 / 082
  四 日本智库及其人才队伍发展现状 / 119

第五章　智库人才队伍发展的问题与建议 / 132
　一　智库人才队伍建设存在的问题 / 132
　二　智库人才队伍建设的有关建议 / 134

第六章　智库人才培养典型案例 / 139

参考文献 / 192

图 目 录

图 2-1　智库人才队伍建设框架 / 009

图 2-2　智库人才队伍的内涵及特征 / 010

图 2-3　智库人才队伍的知识（能力）体系 / 015

图 2-4　"智库科学与工程"特色学科体系 / 020

图 2-5　"一轴两翼四融合"智库人才培养的逻辑框架 / 021

图 3-1　科技智库人才队伍职称分布 / 033

图 3-2　科技智库人员（最高）行政职务分布 / 035

图 3-3　反馈样本中智库人才队伍职务组成情况 / 035

图 3-4　反馈样本中智库人才队伍年龄分布情况 / 037

图 3-5　科技智库人才队伍本硕博毕业院校分布 / 039

图 3-6　反馈样本中智库人员本硕博毕业院校分布情况 / 040

图 3-7　智库人员本硕专业相同情况分析 / 043

图 3-8　智库人员硕博专业相同情况分析 / 043

图 3-9　科技智库人员学科专业分布 / 044

图 3-10　反馈样本中智库人员本硕博专业分布 / 046

图 3-11　反馈样本中智库人员本硕专业相同情况分析 / 047

图 3-12　反馈样本中智库人员硕博专业相同情况分析 / 048

图 3-13　反馈样本中智库人员本硕博专业相同情况分析 / 048

图 3-14　智库人员职业流动次数分布情况／049

图 3-15　智库人员不同性别工作流动分析／050

图 3-16　智库人员曾（现）任职机构类型／052

图 4-1　美国营业收入最高的 10 家智库／067

图 4-2　彼得森国际经济研究所研究人员的学历构成／073

图 4-3　卡内基国际和平基金会专家团队学历构成／075

图 4-4　兰德公司研究职员的学历情况／076

图 4-5　2020 年西欧主要智库的国别分布／083

图 4-6　欧洲政策中心 2022 年经费来源／090

图 4-7　欧洲政策中心分析人员学历构成／091

图 4-8　欧洲政策中心拥有博士学位的分析人员的专业构成／092

图 4-9　2022~2023 财年查塔姆社的经费来源／094

图 4-10　查塔姆社研究人员数量分布／096

图 4-11　法国国际关系研究所运营经费来源（2020 年）／099

图 4-12　法国国际关系研究所研究人员学历分布／101

图 4-13　法国国际关系研究所拥有博士学位的研究人员所学专业分布／102

图 4-14　布鲁盖尔研究所经费来源／104

图 4-15　布鲁盖尔研究所研究人员学历分布／106

图 4-16　布鲁盖尔研究所研究人员最高学历所学专业分布／107

图 4-17　欧洲智库的创办者在创办智库前的工作背景／109

表 目 录

表 3-1　智库人才队伍性别组成及反馈样本情况／031

表 3-2　智库人才队伍职称组成及反馈样本情况／032

表 3-3　智库人才队伍职务组成及反馈样本情况／034

表 3-4　智库人才队伍年龄分布及反馈样本情况／036

表 3-5　智库人才队伍本硕博毕业院校分布及反馈样本情况／037

表 3-6　智库人才本硕博毕业院校分布情况／038

表 3-7　反馈样本中智库人才队伍本硕博毕业院校分布情况／040

表 3-8　智库人员本硕博学科专业分布／041

表 3-9　智库人员本硕、硕博专业相同情况／042

表 3-10　中国科技智库人员本硕博专业变化最频繁的前三名情况／044

表 3-11　反馈样本中智库人员本硕博专业分布／045

表 3-12　反馈样本中智库人员本硕、硕博、本硕博同专业情况分析／046

表 3-13　智库人员曾任职机构类型／049

表 3-14　智库人员曾（现）任职机构类型／051

表 3-15　智库人员职业流动次数分析／052

表 4-1　欧洲代表性智库概况／087

表4-2 英国皇家国际事务研究所研究领域及其相关研究项目／093

表4-3 法国国际关系研究所的研究方向及内容／100

第一章 总 述

智库是国家决策咨询体系的重要组成部分,是国家治理能力现代化和治理水平提升的重要载体。2015年中共中央办公厅、国务院办公厅印发了《关于加强中国特色新型智库建设的意见》,提出实施国家高端智库建设规划,中央及有关部门陆续出台《国家高端智库建设试点工作方案》《国家高端智库管理办法(试行)》等文件,启动并有序推进国家高端智库建设试点。国家高端智库建设以服务党和政府决策为宗旨,为国家经济发展、科技创新、民生保障、国防安全、国家治理等提供政策咨询和决策支持,以智力优势引领国家发展。

人才是第一资源,专业化的智库人才队伍是开展高水平智库研究的基础与前提,是建设高水平智库的核心要素。因此,要从党和国家事业发展全局的战略高度,把智库人才队伍建设、智库人才能力提升和智库人才智力支撑作用发挥等作为国家高端智库建设的重要任务进行部署与推进。

近年来,我国智库建设事业快速发展,主要研究领域涵盖了国家发展战略、安全、经济、金融、科技、能源、国际、国防、党建等直接关系党和国家发展的重大领域。随着我国进入全面建设中国式现代化的新阶段,国内高质量发展面临越来越多的瓶颈,以中美为主的大国博弈与竞争也对产业布局、科技创新和社会稳定等带来前所未有的影响。因此迫切需要进一步加强国家高端智库建设,扩大智库人才队伍规模,提升智库人才能力素质,建设一支素质优良、政治过硬的智库人才队伍，显著提升智库政策咨询研究能力和决策支持水平。

智库人才的内涵与界定是智库人才培养和队伍建设的基本问题。目前，主要是从人才依托机构性质和人才所从事的研究内容两个角度来界定智库人才，即在智库组织或单位从事咨询研究、运营管理、传播推广等专业工作的人才以及在高校、科研院所、企业等非智库组织从事政策研究的人才。通常智库人才的分类主要依据研究领域、职能定位、服务机构性质等划分。随着我国智库建设的"量质"齐升，对智库人才队伍的结构、层次、能力素质等的要求也越来越高。潘教峰和鲁晓（2018）提出智库建设亟待以学科为阵地，持续完善理论方法体系，探索建立智库科学与工程学科，加快推动智库人才的建制化培养。

为了反映我国智库人才队伍当前发展状况与未来态势，本研究对我国智库人才特征进行了定量分析。定量分析对象和数据来自三个方面：（1）在《中国智库名录（2016）》中遴选出419家服务于中央政府决策咨询的国家层面智库机构，分析了7570条智库人员官网公开履历数据；（2）在《中国智库名录 No.4》中筛选出服务于国家整体发展战略决策的83家科技智库，分析了1606条智库人员官网公开履历数据；（3）采用网络问卷的形式，获得来自智库人才培养联盟成员单位的智库人才调查数据，有效问卷198份。此外，课题组对科研院所类智库、高校类智库、企业类智库、政府智库以及民间智库的代表性单位进行了访谈。调查样本和访谈对象具有代表性，调查内容和调查结果可基本反映我国智库人才队伍建设情况、典型经验做法、存在的问题及未来诉求建议等，为从全国范围内整体推动智库发展与智库人才队伍建设提出有效的对策建议。

20世纪初，国际上就开始推动智库建设，为政府提供决策支持、分析预测、战略规划等多种服务。据美国宾夕法尼亚大学的有关研究统计，2020年全球共有11175家智库，美国是全球拥有智库最多的国家。国际智库类型比较多样化，按照研究领域，可分为政治、经济、军事、外交、教育、科技等多个领域；按照机构性质，可分为政府主导或支持、大学内设、非营利机构、营利性机构等；按照服务对象，既有服务政府的智库，也有服务企业和社会团体的智库。国际智库的一个显著特点是智库人才队伍构成多元化，既涵盖了各个领域的专家学者，也包括政府官员、企业家、军事人员、媒体人士等，他们通常具有丰富的实践经验和专业知识，能够为政府和有关组织机构提供针对性强的政策建议和决策支持。近年来，国际智库的发展呈现许多新的趋势和特点，智库研究愈加综合、智库数量快速增长、智库立场愈发鲜明、政府对智库重视程度提高、智库人员构成趋于多元化、智库反应愈加敏捷，更加注重更长远的前瞻研判，这些变化反映了全球政治、经济的复杂化和多极化。国际智库在政治、经济、军事、外交、教育、科技等方面发挥了越来越重要的作用，已经成为西方国家政治体系中不可或缺的一部分。本研究立足国际视野，对美国、欧洲以及日本等世界主要地区和国家的智库建设与智库人才发展情况进行了系统研究，对智库人才总量、队伍结构、能力特征以及智库人才培养等方面进行分析，为我国各类智库建设和智库人才队伍发展提供经验启示。

本研究从智库人才内涵，智库人才队伍总量、结构、布局，智库人才队伍建设经验做法、政策诉求以及国际智库人才发展情况等方面初步建立了智库人才发展状况的分析框架。本报告是我国第一本《智库人才报告》，后续我们将逐步扩大调查样本范围，以更翔实的统计数据和调查资料，反映我国智库人才队伍发展的整体状况。我们衷心希望通过《智库人才报告》，为国家及有关部门、地方、行业、单位与组织和广大智库人才，及时把握和了解智库人才队伍状况、智库人才培养经验、智库人才政策、智库人才发展诉求等提供一个窗口。同时，也欢迎社会各界提出宝贵意见，我们将不断完善研究框架与内容，推动智库和智库人才在中国式现代化建设进程中更好地发挥决策咨询支撑与引领作用。

第二章 | 智库人才与队伍的内涵、能力与培养路径

伴随大国博弈持续深化，国际环境愈发错综复杂，亟须依托专业化智库人才开展跨学科、跨领域重大战略和政策问题研究，提高决策咨询的科学性、系统性、针对性。随着自上而下的"管理"向多方利益主体交互作用"治理"的不断转变，我们逐步迈入公共治理时代，智库的作用也日益重要（潘教峰等，2023）。根据《全球智库影响力评价报告2022》，从2007年到2018年全球智库的总数量从5080家增加到8162家，年均增加280家。随着全球智库数量的增多，智库人才已成为政府部门、智库单位、社会机构的急切需求，全球对智库人才的需求不断增长。目前，中国智库正在从"建起来""多起来"向"强起来"发展，智库数量的大幅增加和"强起来"的要求对智库人才提出新的需求。在此背景下，智库人才队伍建设愈发重要。智库人才队伍是为全面深化改革提供方法和有效路径的团队，能够在理论研究、社会服务、国际交流等方面发挥积极作用，推动全球治理体系改革和建设。而与智库人才数量和质量需求指数上涨相矛盾的是智库人才供给严重不足。智库研究的特征和属性决定了智库人才质量要求高，且培养周期很长，但目前尚未形成完善的学科体系和建制化的培养模式。增加智库人才的有效供给、促进人才流动、优化人才培养结构是智库高质量发展的紧迫任务。本章主要分三个部分展开：第一部分是智库人

才与人才队伍的内涵,第二部分是智库人才队伍的能力要求,第三部分是智库人才的培养方法与路径。

一 智库人才与人才队伍的内涵

智库人才是智力资源的依托,是智库思想和智库成果的主体,是智库建设的核心资源,也是智库核心竞争力的重要来源。中共中央办公厅、国务院办公厅印发的《关于加强中国特色新型智库建设的意见》提出"努力建设面向现代化、面向世界、面向未来的中国特色新型智库体系,更好地服务党和国家工作大局,为实现中华民族伟大复兴的中国梦提供智力支撑"。同时也明确指出:"各级党委和政府要把人才队伍作为智库建设重点,实施中国特色新型智库高端人才培养规划。"

(一)智库人才的界定

智库是连接"知识与决策"的媒介,为决策者提供智力资源的支持,其中,人才是智库发展的核心竞争力。当前,对于智库人才的定义主要是从服务机构和研究内容两个角度开展的。

从服务机构角度来看,智库人才即在智库组织工作的人。陈晓晖和刘洋(2019)认为,狭义的智库人才是指在各类决策咨询机构中从事决策咨询工作的高端人才,以及在决策咨询机构中从事提供咨询和智力支持的高端人才。这意味着智库人才是提供针对性和储备性服务产品的专业人才,是智库的第一资源。陈英霞和刘昊(2014)从社会现象出发,认为智库发展的趋势是与国家的民间社会结构和利益代表制度密切相关的。从广义上讲,程广沛(2023)认为智库人才是指保证智库正常运转的各种人才,不仅包括研究人员,还包括管理人才、研究支持人才等。美国兰德公司等智库对新型综合性人才要求是既要有足够能力参与各类研究活动,又能够从事组织、策划、宣传等各类工作(储节旺和朱丽梅,2018)。

从研究内容角度来看,智库人才是开展专业政策研究的专业人员。一些学者提出智库人才是在智库中为政策决策提供服务并提供智库产品的创新型人才，为经济社会发展建言献策、提供智力支撑。郭周明和刘静知（2020）采用"智库专家"概念，提出智库专家是在智库开展决策咨询工作、采用科学方法开展政策研究并提出对策建议的人。程建平（2020）认为，智库人才的概念比政策人才的内涵更广，这是因为智库研究不仅涉及政策领域，还涉及经济、国家安全等其他相关领域，因此智库人才只有具备专业背景和能力才能更好地开展决策咨询服务。这意味着智库人才不仅要在某一领域有深厚的专业知识（储节旺和杨凯，2018），还要有广阔的研究视野，对其他领域也要有深刻的了解。

以上两种界定角度都有不足之处：从服务机构角度定义智库人才忽略了未在智库或咨询机构工作却从事智库相关研究的人才，如中国有很多高校科研人员也在从事智库研究工作；从研究内容角度界定智库人才没有考虑到智库发展所需要的非研究人员，如专业的运营人才和传播人才。

（二）智库人才的类型

当前关于智库人才的分类方式包括按研究领域、按职能定位、按服务机构性质以及按人才队伍梯度四种方式。

1. 按研究领域分类

研究领域分类基于智库人才的专业背景和研究方向，侧重智库人才的专业能力。例如，兰德公司将智库人才分为科学与技术、能源与环境、健康与护理、基础建设与运输、国际事务、法律和商业、公共安全、国家安全、人口老龄化、恐怖主义与国土安全等类型。伦敦国际战略研究所将智库人才分为两个体系：一是按具体研究领域分为冲突、全球政策、国防、环境和气候变化、地缘经济、恐怖主义和安全等类型；二是按智库人才擅长研究的地域分为美洲、欧洲、亚太、非洲、中东、俄罗斯等。按照专业领域，山东省委人才工作领导小组办公室将智库人才分为经济建设领域、政治建设领域、文化建设领域、社会建设领域、生态文明建设领域和党的建设领域等类型。

2. 按职能定位分类

职能定位分类基于智库运行的角度，侧重智库整体能力的提升。Barros 和 Taylor（2020）以巴西重要智库为例，将智库人才分为高端顾问、智库专家和复合型人才。高端顾问是政府卸任高官或有影响力的专家学者，通过出版著作和参政议政等形式影响决策。智库专家具备专业知识、研究和创新能力，能独立主导大型项目。复合型人才在非营利机构中具备综合素质，擅长运营管理、项目策划和组织。新加坡东南亚研究所将智库人才分为高级研究员或研究员、支撑人员、客座研究员访问学者等类型。王辉耀和苗绿（2017）认为，智库的"人才清单"主要由具备战略前瞻眼光的领军人才、拥有参政议政渠道的高端智囊人才、有一定学术影响力的独立研究型人才和懂管理善沟通的新型综合人才组成。邱丹逸和袁永（2019）将智库人才分为管理、研究、辅助三大类别。周湘智（2015）将智库人才分为掌舵人才、研究人才与行政辅助人才。

3. 按服务机构性质分类

按服务机构性质分类侧重智库人才管理体系的视角，体现智库人才所属机构的主要特征。国家高端智库试点将智库分为综合类智库、专业类智库、企业智库和社会智库。庆海涛和李刚（2017）采用南京大学中国智库研究与评价中心的分类标准，将智库人才分为党政部门智库专家、党校行政学院智库专家、中国社会科学院智库专家、社会智库专家、高校智库专家、科研院所智库专家、军队智库专家、企业智库专家和传媒智库专家九类。叶京和陈梦玫（2020）将智库人才分为党政部门、中国社会科学院、党校行政学院、高校、军队、科研院所、企业七类人才。

4. 按人才队伍梯度分类

人才队伍梯度既体现了智库人才队伍的整体水平和持续发展潜力，也体现了智库人才的成长和职业发展路径。例如，日本国际问题研究所、日本野村综合研究所将智库人才分为研究员、副主任研究员、主任研究员、理事等。美国智库的精英人才主要分为高端智囊、独立研究型与新型综合性人才等。国内智库及学者主要按照学术职称对智库人才进行梯度划分。

国内智库人才队伍梯度主要分为研究员、副研究员、助理研究员、教授、副教授、助理教授，或按照其他职称序列划分为高级经济师、经济师等。杨文慧等（2018）认为，智库人才分为核心研究人才、通用组织人才和常规辅助人才。核心研究人才是学术带头人和课题主持人，通用组织人才在课题中辅助核心研究人才，常规辅助人才完成分派任务，形成人才队伍梯队。

（三）智库人才队伍建设

智库人才队伍建设包括四个层面：智库人才个体、智库团队、智库机构和国家智库体系，如图2-1所示。

1. 智库人才个体

智库人才个体是智库人才队伍的最基本单元。从智库人才个体层面来看，智库人才胜任智库工作，需要具备开展智库研究的知识体系和能力素养。智库人才从学校获得的知识、工作中获得的经验和个人素养等决定了其核心竞争力以及其能否胜任智库工作。从人才队伍建设角度，要关注不同类型、不同成长阶段的人才发展特点与规律，分析从事智库工作可能为其带来的成长空间和发展机会。

2. 智库团队

智库研究的问题大多是跨领域多学科交叉问题，智库研究需要克服领域专家、管理专家、政策专家单一学科或专业背景的局限，汇聚不同领域、不同专业、不同学科人才，形成专业化智库团队，强化团队的组织性、平台性和集成性。

智库人才队伍与学术人才队伍的职业定位存在显著差异，具有鲜明的专业特色。智库人才队伍不仅要求专业能力强，还应具备战略前瞻性、学科交叉性、知识广博性和视野国际性等特征（见图2-2）。美国艾森豪威尔政府和尼克松政府的白宫幕僚赫斯也曾指出，美国智库人才队伍不同于一般的学术人才队伍，至少由领域专家、政策专家、实践专家和资深媒体专家等职业背景的人才组成。

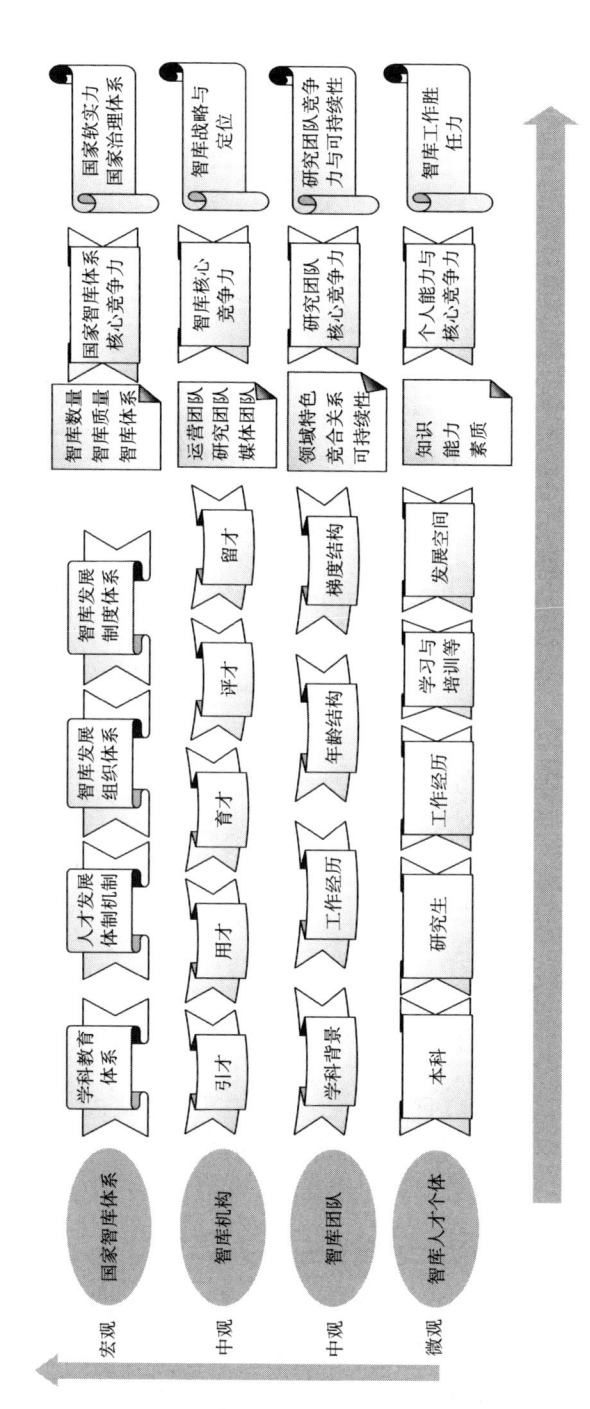

图 2-1 智库人才队伍建设框架

从团队层面看，智库队伍建设应充分考虑智库人才个体的专业特长和能力素养，注重研究团队中研究人员专业背景的互补性和竞合关系，分析智库人才中领军人才、杰出人才、青年人才结构是否合理，以及是否可以形成可持续的智库学习模式。

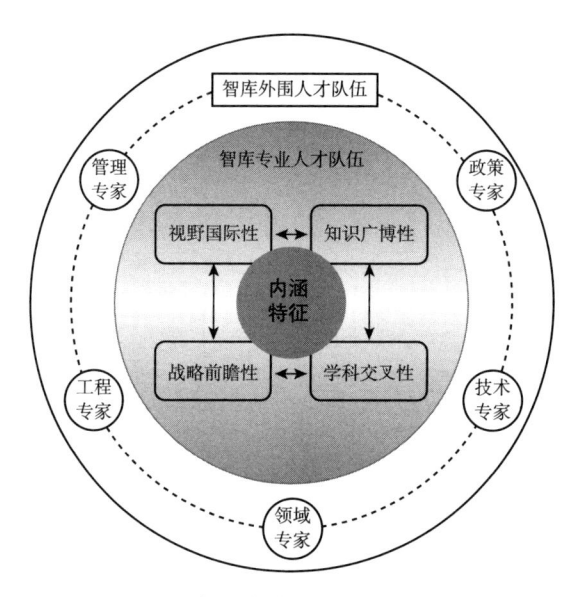

图 2-2　智库人才队伍的内涵及特征

3. 智库机构

智库机构的人才队伍建设不仅是某个人的发展，也不简单是智库人才的数量累计，应充分考虑智库人才的结构合理性和发展可持续性等问题。智库研究人才、运营人才和媒体人才构成智库队伍有机整体，相互补充和促进，形成智库人才资源和核心竞争力，要打造有影响力和国际知名度的高端智库这些类型的人缺一不可。在智库机构层面，研究团队布局的合理性及研究团队之间的竞合关系是智库人才建设需要考虑的重要问题，直接影响智库成果产出的质和量。另外，单个智库资源是有限的，智库外部人才力量的整合非常重要，如通过外聘和基于项目的合作等方式整合该领域的优秀人才。智库运营和管理需要结合智库发展战略和智库任务特点合理规划智库人才布局，智库的识才、引才、用才、育才、评才和留才等制度设计决定了其对人才的吸引力，影响智库人才建设核心竞争力。

4. 国家智库体系

智库发展水平是一个国家软实力和竞争力的重要标志，智库人才队伍建设是中国新型智库发展的关键。从国家层面看，关注中国特色新型智库人才队伍建设，优化整合现有智库资源，形成体系完善、分工明确、导向清晰的运行体系。中国特色新型智库体系需要定位明晰、特色鲜明、规模适度、布局合理，才能更好地服务党和国家工作大局，为实现中华民族伟大复兴的中国梦提供智力支撑，才能更好地发挥智库资政建言、理论创新、舆论引导、社会服务、公共外交等重要功能。

国家层面智库体系人才队伍建设需要制度和政策支持，智库人才的培养、激励和其成长空间需要纳入国家人才发展体制机制改革制度。在人才队伍建设上，要积极推进智库人才的建制化培养，制定合理的学科知识体系和培养体系。

5. 小结

智库人才建设是个体层面、团队层面、机构层面和国家层面层层深入和包含的关系，后者不是前者的简单加总，其内涵更加丰富和多元化，而前者是后者的基础和重要组成部分。智库人才建设四个层面紧密联系，是一个复杂系统。

从个体层面来看，智库人才建设需要明晰两方面的问题：第一，不同智库类型工作的特点和智库人才所在的不同工作岗位，对智库人才的知识能力素养有何要求；第二，智库人才的成长规律，尤其是不同类型的智库人才在不同成长阶段有何特点，应采取何种方式促使其快速成长等。

在明晰智库人才建设微观层面的两个问题的基础上，智库机构层面人才建设才能更好地设计识才、引才、用才、育才、评才和留才六个方面制度，才能更好地发现人才、吸引人才、培养人才和留住人才。智库层面人才建设除了个体人才的培养，还必须从整体上合理规划智库人才布局，充分发挥不同类型人才的优势，并充分调动智库人才之间的竞争合作关系，发挥其合力，才能更好地发挥智库团队的能力，实现智库发展目标，提升智库竞争力和影响力。

智库机构层面人才竞争力是国家智库体系建设的重要前提。国家智库体系不仅要求每个智库都做好人才队伍建设，还必须根据国家发展需求和国内外不确定因素等合理布局智库体系，将智库人才培养纳入教育、人才和组织体系，并制定好智库发展制度，以发挥智库之间的竞合关系，激发智库层面人才建设活力，为国家软实力和国家治理能力的提升奠定坚实基础。

二 智库人才队伍的能力要求

特别是党的十八大以来，我国高度重视智库专业化建设，对中国特色新型智库建设、国家科技决策咨询制度等做出战略部署。在一系列政策举措的推动下，一批具有决策影响力、社会影响力、国际影响力的专业化智库蓬勃发展，成为国家治理体系和国家软实力的重要组成部分。2022年10月，党的二十大报告提出"强化科技战略咨询"，标志着科技战略咨询成为我国科技创新事业的有机组成部分，同时也是中国式现代化的应有之义。这也对我国智库建设提出新的更高要求，要前瞻科技发展大势，提出更多具有专业化、建设性的战略咨询意见，以应对未来的风险挑战和不确定性。

智库高质量发展的持续推进，越来越需要开展科学化、综合化、复杂化的问题研究，这对智库人才队伍的能力也提出了更高的要求。潘教峰和鲁晓（2018）提出智库建设亟待以学科为阵地，推动理论方法体系完善和人才培养，并以此为基础形成智库科学与工程学科。作为一门新兴学科，智库科学与工程学科的提出不仅适应智库高质量发展的新要求，也是智库人才队伍建设的重要指引。智库科学与工程学科不仅为智库建设奠定理论基础，为智库人才培养提供知识体系，更为智库有力服务国家治理体系和治理能力现代化提供有力支撑。具体来看，智库科学与工程研究问题域也将为智库人才队伍培养和建设提供重要支撑：基本问题域重点阐述学科的概念内涵、理论范式和知识逻辑；规律问题域研究学科的关键问题和知识演进；治理问题域聚焦经济、社会、科技领域的治理方略进行分析；方法平台域介绍学科实践中的数据与方法模型和技术系统；知识传播域描绘智库共同体的构建、智库传播与交流以及智库人才的培养。

（一）智库高质量发展的人才队伍新要求

对标智库高质量发展的新要求和智库科学与工程的研究问题域，借鉴主要国家知名智库的成功经验，智库人才队伍建设不仅要求专业能力强和综合素质高，还应具备战略前瞻性、学科交叉性、知识广博性和视野国际性。

一是智库人才队伍应具有战略前瞻性。前瞻性是智库研究的根本要求。战略前瞻性是指智库人才队伍应紧紧围绕党和国家事业面临的突出矛盾和问题，围绕国际国内形势发展、趋势变化，提出相应的智库研究课题，并在相关问题尚处在萌芽或量变阶段时，开展深入的战略和对策研究，科学预测相关问题的发展态势，提出促进问题解决或按预期方向发展的对策建议。战略前瞻性要求智库人才队伍增强知识储备，通过深入参与战略预判、决策研究、政策实施和评估，提高智库研究战略性、科学性和前瞻性。

二是智库人才队伍应具有学科交叉性。学科交叉融合是推进新文科建设的重要途径，更是复合型智库人才队伍必须具备的基本特征。面对复杂多领域的智库研究问题，人才队伍建设所涵盖的学科领域也应跨越自然科学、社会科学、技术科学、管理科学的学科边界，形成交叉融合的学科属性。学科交叉性要求智库人才队伍突破以往单一学科领域的研究惯性，转变形成多学科融会贯通的研究体系。智库人才不仅应通过关联多学科知识凝练问题，通过融合多学科、多领域知识分析问题，还应通过整合多领域知识综合问题，更应通过贯通学术理论到决策研究的创新链解决问题。

三是智库人才队伍应具有知识广博性。智库研究的特点要求智库人才必须具备智库问题综合分析能力、战略谋划能力和总结概括能力，这些都需要智库人才队伍具有广博的知识和智慧沉淀。知识广博性要求智库人才能够站在专业领域前沿观察、认识问题，广泛涉猎各种知识，博古通今、学贯中西，做到触类旁通、举一反三。智库人才的广博知识和掌握的海量信息能够支撑其开展知识的再加工、再创造，保障其持续产出智库思想、发挥智库功能，在业界脱颖而出、快速成长。对此，智库人才应善于借助多元的信息平台、窗口和渠道学习古今知识、了解局势，提出更有价值的智库建议。

四是智库人才队伍应具有视野国际性。马克思世界历史理论认为，世界历史的物质基础是生产方式的变革，是以生产力的普遍发展和与此相关世界交往的普遍发展为前提。作为研究战略问题和公共政策的智库，其生产力和影响力的提升同样需要智库人才队伍树立国际思维，自觉地把国内问题与国际问题有机衔接。对此，智库人才队伍还应具有视野国际性，能够立足于时代的现实土壤，积极适应世界百年未有之大变局加速演变的新形势，将本国的历史机遇同世界大变局有机联系，做出大、深、远的战略研究。

（二）智库人才队伍的核心能力

智库科学与工程学科视角，不仅强调智库人才队伍应开展"解析—融合—还原"外循环研究，还强调应开展 DIIS 过程融合法与 MIPS 逻辑层次法相互融合研究，更强调通过若干轮反复循环迭代实现复杂问题的研究组织、专家研判、对接沟通等，有效规范智库研究的逻辑思维、实施过程和研究成果。智库双螺旋法从科学性、整体性、系统性的角度，为推进智库人才队伍"四性特征"与专业能力、综合能力和组织能力的培养提供了理论指导（见图 2-3）。

1. 智库人才队伍的专业能力

智库研究是面向决策的专业研究活动，需要以专业知识为背景，汇聚专业化的研究团队，开展专业前瞻研究、长期跟踪研究、深度融通研究。对此，智库人才队伍应学有所专，加强专业知识储备，洞悉最新发展动态，持续积累专业知识和学术基础。智库人才队伍应交叉融会，加强知识结构基础化、综合化和前沿化，丰富学科领域知识，具有从理论到实证再到解决方案的专业融通能力和决策咨询能力。

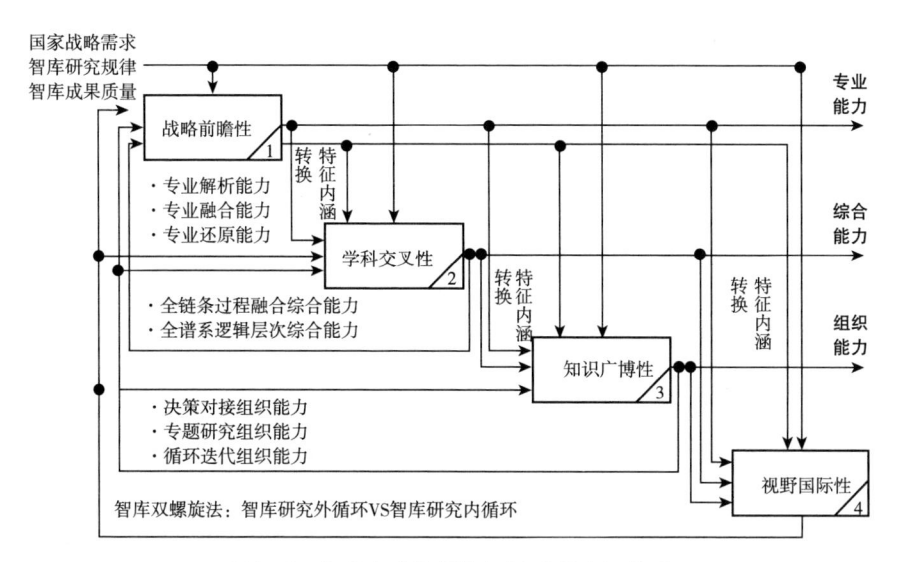

```
国家战略需求                                           专业
智库研究规律   ┌─────────┐                              能力
智库成果质量   │ 战略前瞻性 │ 转 特
            │        1│ 换 征
            └─────────┘    内
            ·专业解析能力     涵
            ·专业融合能力    ┌─────────┐               综合
            ·专业还原能力    │ 学科交叉性│ 转 特          能力
                         │       2│ 换 征
                         └─────────┘    内
            ·全链条过程融合综合能力          涵
            ·全谱系逻辑层次综合能力      ┌─────────┐ 转 特
                                    │ 知识广博性│ 换 征   组织
                                    │       3│    内   能力
                                    └─────────┘    涵
            ·决策对接组织能力
            ·专题研究组织能力                  ┌─────────┐
            ·循环迭代组织能力                  │ 视野国际性│
                                            │       4│
            智库双螺旋法：智库研究外循环VS智库研究内循环  └─────────┘
```

图 2-3　智库人才队伍的知识（能力）体系

（1）专业解析能力。面对复杂的智库问题，智库人才队伍首先应具备专业的分析和拆解能力，需要根据不同专业领域智库研究任务的内涵、目的及主体特征，科学认识研究对象、组成要素及外界环境，厘清其机理关系、影响路径和保障政策等，由此从专业的角度将研究任务分解为相应的子问题，发掘涉及的关键研究要点。专业解析能力的核心是具有将复杂智库问题分解为专业子问题的能力，能够科学剖析、深入分析相关子问题的研究对象、研究路径和研究目标。

（2）专业融合能力。围绕相互关联的研究子问题，智库人才队伍还应具备不同专业、不同学科知识的融合贯通能力，需要结合数据收集、科学知识和实践经验等，开展智库问题的交叉融合和综合分析研究。专业融合能力的核心是具有对不同子问题内在联系、社会影响及政策保障进行学科交叉融合研究的能力，强调拥有不同的学科背景或组织不同学科背景的研究人员，开展数据资料及信息收集、资料整理及数据分析、综合分析及定向把脉等具体研究工作。

（3）专业还原能力。还原论认为复杂的系统、事物、现象可以将其化解为各部分的组合加以理解和描述。在智库研究解析、融合分析的基础上，智库人才队伍还应具备专业的还原分析能力，通过系统分析不同的研究子问题，抽象还原确定智库研究报告提纲及相应的政策建议。专业还原能力的核心是能够综合研判、系统集成、交叉融合各阶段研究结论，强调能够将专业的子问题研究结果抽象还原为智库研究结论，而不是机械性地将子问题研究拼合成整体解决方案。

2. 智库人才队伍的综合能力

智库研究的往往是综合复杂问题，需要从不同学科角度，进行综合性地研究并提出政策建议。对此，智库人才队伍应综合全面，具有数据收集、信息揭示、综合研判和方案形成的全链条过程融合综合能力。智库人才队伍具有机理分析、影响分析、政策分析、方案形成的全谱系逻辑层次综合能力，确保智库成果具有系统性、逻辑性、层次性。

（1）全链条过程融合综合能力。智库研究是一项集综合性、复杂性、系统性于一体的专业任务，需要智库人才队伍围绕研究需求开展调查、细分和研判，确保智库研究的证据导向、目标导向和科学导向。全链条过程融合研究能力的核心是具有系统扫描、调研和集成相关政策文本数据、文献情报数据、统计资料数据、问卷调查数据、网络舆情数据、国际对比数据、专家访谈数据的能力，是具有系统开展文本分析、统计分析、文献综述、聚类分析、对比分析、案例分析、关联分析形成客观认识的能力，是具有对智库问题相关数据结论进行综合研判并分析原因及建议的能力，是具有集成汇总研究结论、专题报告形成最终研究报告和政策建议的能力。

（2）全谱系逻辑层次综合能力。智库研究不同于一般的学术研究问题，需要与现实问题对接，与决策需求对接，需要不断加强实践性、可操作性，这就要求智库人才队伍系统分析智库问题的机理、影响和政策。全谱系逻辑层次综合能力的核心强调智库人才队伍从历史域、现实域和未来域的角度，具有智库问题相关要素内在特征、基本规律和机理关系的系统分析能力，具有以往、当前或未来智库决策直接或间接影响经济、社会、科技及安全等的综合分析能力，具有智库问题相关政策、资源和配套保障措施的情景分析能力，具有组织集成深化机理分析、影响分析和政策分析相关结论形成智库研究报告、提出相关对策建议的综合能力。

3. 智库人才队伍的组织能力

智库研究的主要目的是面向决策需求，通常需要更加多元化的专家队伍，更为广泛的参与群体，这使得其组织实施与学术研究具有显著差异。面对复杂的智库研究问题，依托学者个人或课题组的传统的研究模式变得不再有效，而需要围绕决策需求开展多学科、交叉式、复合型的团队作战。对此，智库人才队伍应面向需求，具有与决策部门对接沟通、循环迭代研究方案和研究重点的组织能力。智库人才队伍应面向问题，具有识别和凝聚不同领域、不同类型、不同机构专家开展智库专题研究的组织能力，具有召开各层次专家研讨会持续迭代获取智库研究结论与建议的组织能力。

（1）决策对接组织能力。智库是指专门从事开发性研究的咨询研究机构，其重要的服务对象是政府决策部门。如何有效识别政府部门的决策需求，需要智库人才队伍具有与政府部门的决策对接组织能力。在方案设计环节，能够坚持内循环与外循环迭代，通过与委托方多次沟通，提出并完善智库研究方案；在研究组织环节，能够通过与政府决策部门进行多轮沟通，不断调整研究方向、研究思路和研究重点；在报告成稿环节，能够通过与政府决策部门的循环迭代，打磨相关研究结论和智库观点，形成满足决策需求的研究报告。

（2）专题研究组织能力。不同类型、不同规模的智库问题需要组织不同团队开展专题研究。如何根据研究任务确定团队结构，需要智库人才队伍具有专题研究组织能力，能够根据外循环确定的研究子问题，识别和组织专业化研究团队开展领域专题研究，能够围绕智库研究的必备要素结构，引导和组织专业化智库人才开展综合集成研究，能够发挥不同的团队结构、人才结构优势，提升智库研究的过程、逻辑、要素、组织等方面的规范性和智库研究成果的质量。

（3）循环迭代组织能力。循环迭代是提升智库研究质量的灵魂。如何确保智库研究的效果质量，需要智库人才队伍具有循环迭代组织能力，能够在 DIIS 和 MIPS 研究不同环节，组织研究组内循环迭代、组外循环迭代，完成研究所需数据资料的收集，完成客观认知分析结论的提炼，完成专题结论专家观点的集成，完成智库报告政策建议的修改。此外，循环迭代组织能力还要求智库人才队伍组织若干轮反复循环的专家研判、对接沟通，实现分歧结论的最终凝练共识。

总之，智库人才队伍的能力体系不同于一般的专业学术人才队伍，智库人才队伍是能够开展贯通性、综合性、交叉性智库问题研究的复合型人才队伍，不仅应具备前瞻的专业知识，还应具备综合集成和融会贯通能力。智库人才队伍建设的重点在于明晰智库人才队伍的功能定位、尊重智库人才队伍的价值创造，应明晰每个人的知识是有限的，专业人才队伍主要善于开展自己熟悉领域智库问题解析和机理分析等部分研究，通常缺乏对跨学科、跨领域影响分析和政策分析的深入思考，智库专业人才队伍能够发挥其专业能力、综合能力和组织能力优势，开展系统、全面、综合的跨学科、跨领域智库研究。最大限度地推进智库高质量人才队伍建设、发挥智库人才队伍的积极性和创造性，应充分尊重智库人才队伍开展智库研究的知识价值、劳动价值，积极营造充分体现智慧劳动价值、尊重专业人才、促进人才发展的良好生态。

具体来看，促进智库人才发展和队伍建设，需要完善智库人才工作的政策举措，建立与中国特色新型智库建设相匹配、符合智库专业人才队伍特点的人才培养体系、支持方式、评价机制等。要建立智库人才培养体系，坚持理论基础与务实能力培养相结合，加强智库专业及学科建设，通过科学设置复合型智库人才培养方案、培养课程和培养模式，加强智库双螺旋法等研究基本范式的培养，加强情景分析方法、循证科学方法、智能决策系统等相关实践方法的培养，不仅培养智库人才扎实的专业能力，还要不断培养其综合能力和组织能力。要完善智库人才支持方式，尊重智库人才队伍学科交叉贯通的属性特征，加强对智库专业人才队伍建设的政策资源支持，支持具有战略科学家潜质的智库人才承担国家重大战略咨询，持续提升大兵团作战的综合和组织领导能力；支持具有领军人才潜质的智库人才组建团队承担重大咨询任务，持续提升组织能力；支持更多视野开阔、前瞻性判断力和跨学科理解力强的中青年智库人才参与高水平智库研究任务，持续提升专业能力和综合能力。要健全智库人才的评价机制，结合智库人才岗位特点和职责要求，围绕"四性特征"和"三种能力"的内涵要求，完善智库人才评价机制。对于专业能力，应重点评价智库人才在各类智库研究实践中，解析、融合和还原专业研究问题的能力；对于综合能力，应重点评价智库人才综合全面、系统集成解决智库问题的能力；对于组织能力，应重点评价智库人才组织多学科、交叉性、复合型研究团队开展实践研究的能力。

（三）智库学科建设与智库人才的建制化培养

中国特色新型智库已从专业化起步，到科学化发展，正走向学科化建设。潘教峰和鲁晓（2018）以智库科学与工程学科建设为基础，提出智库建设亟待以学科为阵地，推动理论方法体系完善和人才培养，中国科学院科技战略咨询研究院在专业化和科学化发展的基础上，形成智库学科化发展路线，提出"智库科学与工程"学科。2022年中国科学院科技战略咨询研究院获教育部批准"高端科技智库人才培养"专项，在公共管理一级学科下设置"智库科学与工程"特色方向和相应课程体系。智库研究是高度专业化的创新活动，需要专业化的机构、平台、网络、团队和方法。智库的高质量发展必然离不开学科化发展。智库科学与工程概念的提出是国家高端智库建设事业的产物，也是学科交叉发展的要求，更是实践经验的凝练。

1. 智库科学与工程学科体系

智库科学与工程学科体系构建的主要思路是围绕决策科学化过程，将"智库"元素融入已有优势学科，赋能现有的学科方向，在每个学科方向形成智库特色的新学科生长点，促进学科交叉融合。中国科学院科技战略咨询研究院本着"以理为基、文理交叉、融合创新"学科发展理念，按照"基本问题、规律问题、治理问题、方法平台创新、知识传播"五个层次的学科发展逻辑，构建"4+X"专业人才培养体系，即以公共管理、管理科学与工程、情报学、法学已有4个学科和X个中国科学院、国内外已有的其他优势学科为支撑，促进学科交叉融合，围绕决策科学化过程，将"智库"元素融入"4+X"学科方向，在每个学科方向形成智库特色的新兴学科生长点，这些学科生长点具有双重属性，成为各学科与"智库科学与工程"的交叉融通节点，既丰富了各个学科，又使"智库科学与工程"与"4+X"学科形成相互嵌合、相生相长的互促共生关系，从而打造"智库科学与工程"特色学科体系（见图 2-4），建设智库知识体系、教材体系、课程体系，探索多元的国内外合作模式，形成中国源流的智库理论、方法和学派。

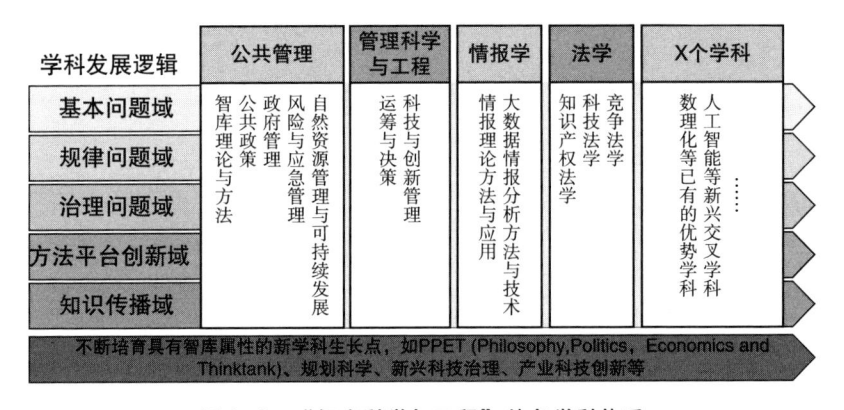

学科发展逻辑	公共管理	管理科学与工程	情报学	法学	X个学科
基本问题域	智库理论与方法	自然资源管理	科技与创新管理	竞争法学	人工智能等新兴交叉学科
规律问题域	公共政策	风险与应急管理	运筹与决策	科技法学	数理化等已有的优势学科
治理问题域	政府管理	自然资源管理与可持续发展	大数据情报分析方法与应用	知识产权法学	
方法平台创新域			情报理论方法与技术		
知识传播域					

不断培育具有智库属性的新学科生长点，如PPET (Philosophy, Politics, Economics and Thinktank)、规划科学、新兴科技治理、产业科技创新等

图 2-4 "智库科学与工程"特色学科体系

2. 智库人才培养的逻辑框架

在研究解决中国式现代化建设过程中面临的经济社会、科技治理等领域重大决策与管理问题过程中，不断丰富和完善已有学科的内涵，构建相应的课程体系，引导学生深入学习智库研究基本范式和相关研究方法，围绕智库关键科学问题展开学术和实践研究，做到智库决策任务引领下的实践育人。基于智库科学与工程学科体系，围绕智库人才培养的目标，构建如图 2-5 所示的"一轴两翼四融合"智库人才培养的逻辑框架。

（1）"一轴"。智库科学与工程学科体系的五层逻辑体系：一是基本问题域，包括概念内涵、范式、理论、方法论的构建；二是规律问题域，包括智库研究的关键科学、技术、工程问题；三是治理问题域，包括重大经济、社会、科技治理问题及其形成的领域分支；四是方法平台创新域，包

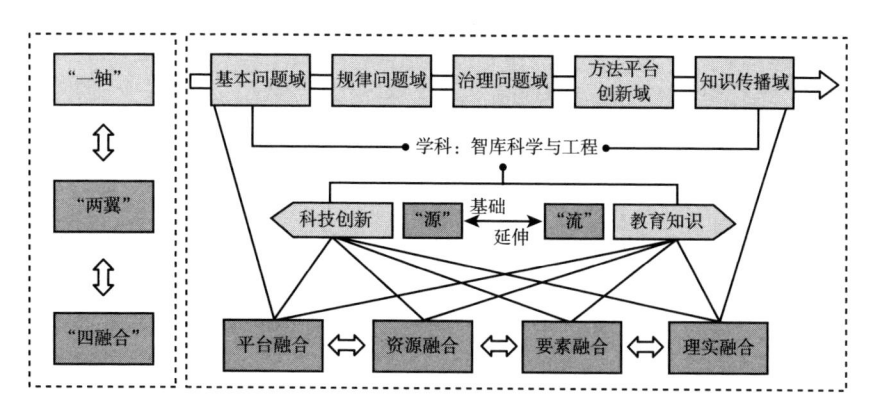

图 2-5 "一轴两翼四融合"智库人才培养的逻辑框架

括方法、模型、技术平台,数据资源的整合创新,宏观决策支持系统;五是知识传播域,包括智库共同体、期刊载体、建制化人才培养体系的形成。

(2)"两翼"。科技创新"源"是教育知识"流"的基础,反之,教育知识"流"是科技创新"源"的延伸,通过智库科学与工程学科建设将二者共同拓展、有效衔接。科教一体化平台连接国内外的教育、科技、人才和创新等资源,对接各类相关要素、组织、机构,跨界、跨域、互联、互通,构建战略科技人才培养、智库科学与工程学科和决策咨询研究任务的多层次、多主体协同的大网络。

(3)"四融合"。智库人才培养路径包括:一是平台—机构之间的融合,体现在专业化智库与高水平大学"任务+知识"的融合建设;二是资源—师资队伍的融合,利用"旋转门"机制引入决策部门人员担任导师;三是要素—课程教材的融合,将智库知识融合贯穿到"思想力"课程和精品教材中;四是理论学习和实践的融合,智库人才培养需要以问题为导向,实现学历式、培训式、实践式的多元融合。

3. 智库学科文化与智库人才培养

学科文化是指学科在发展过程中所形成的学科价值取向、知识体系、研究方法以及学科意识与规范的总和(辛继湘,2020)。智库学科文化建设对人才培养具有价值引导作用。智库学科文化培养学生具有为国家经济社会发展服务的使命感和责任感。学生在智库学科文化的熏陶下，深刻认识到自身研究和实践的价值与意义，了解学科专业知识和技能为国家的经济社会发展做出贡献的路径。

智库学科文化注重实践导向和问题解决能力的培养，强调将学科知识应用于实际问题的解决，并注重培养学生的实践能力和创新思维。智库学科文化建设鼓励多学科交叉融合，对培育学生智库思维能力具有推动作用。智库学科文化培养学生具备综合、系统性思考问题的能力，帮助他们从不同学科角度审视问题，融合各种观点和方法，形成全面而有效的解决方案。智库学科文化建设还注重学生前瞻性思维的培养。同时，智库学科文化建设也注重培养学生的学术研究能力。学生通过学习学科文化中的研究方法和数据分析技术，提高研究的科学性和可信度。他们将掌握有效的数据收集、整理和分析方法，能够运用定量和定性分析工具，为政策决策提供有力的依据。

三 智库人才的培养方法与路径

智库人才培养是"研究范式—理论方法—学术体系—科学共同体—期刊载体—人才培养"六位一体的融合发展过程。近年来，随着新一轮科技革命和产业变革的持续深入，对智库人才能力的需求趋向专业化、综合化、多样化，这就需要不断创新培养模式，围绕谁来培养、怎么培养，通过培养主体的多元化、培养体系的学科化、培养内容的交叉化、培养方式的多样化、培养方法的数智化，探索智库"五化"融合发展的新方法、新模式、新路径。

1. 培养主体的多元化

智库是运用科学的研究方法进行跨学科研究，在与政府、企业及大众密切相关的战略、规划、政策等问题上提供咨询建议的专业机构。[①] 基于智库

---

① 团体标准，《智库研究成果质量 基本要素》（T-CASTEM 1011-2023），2023.

服务对象和解决问题的多样性，人才培养的主体也呈现多元化趋势，已从单一的高校培养模式，转变为依托高校、重要咨询机构、政府部门等特色优势联合培养智库人才的培养模式。

（1）依托各类高校培养具备智库知识基础的人才。作为我国智库体系的重要组成部分，高校智库不仅具备为各级政府提供政策咨询和智力支撑的常规性职能，更是兼具高端人才培养和学术研究的独特职能。高校具备设立交叉学科专业、培养多学科背景人才的职责，可以通过建立与智库人才需求相适应的学科体系、教学模式、师资队伍，为智库跨学科、复合型人才的培养提供后备人力资源，建设智库理论教研团队。如南京大学不仅设立了智库研究的博士生培养方向，并在图书情报专业硕士培养中设立了智库知识管理方向，开设了智库信息系统和知识管理的课程，规划了"现代智库概论"教材。中国科学院文献情报中心设立智库研究的博士生培养方向，尝试将智库研究嵌入学科体系。

（2）依托专业领域智库培养相关智库人才。充分发挥专业领域智库在高层次人才引进、青年人才培养中的"筑巢引凤""孵化器"作用，建设新型的智库人才高地，吸引和造就一批一流的智库领军人才。同时，要发挥好官方智库、高校智库和民间智库在人才培养方面的不同作用。如国务院发展研究中心不断丰富智库人才建设专项，通过实施"人才创优计划"，重点培养政策研究领军人才、学科领域带头人和青年拔尖人才，为智库发展提供健全的人才结构层次；中国社会科学院的智库人才培养体系分为专职、非专职、博士后、院所共建四种类型，组成不同方向的智库研究团队，同时探索施行"创新研究岗位"制度，在现有专业技术职称序列基础上建立创新研究岗位序列，加强进岗人员的业务竞争与待遇保障。中国宏观经济研究院遴选研究人员进入"国宏访问学者计划"，为其创造到国际知名智库或顶尖研究型高校访学深造的机会。

（3）依托政府部门培养领域实操型智库人才。智库人才培养必须与智库需求部门建立互动关系，全面掌握政策制定的流程，对每一个环节中的不同需求作相应分析，提高智库成果转化为决策咨询的实用性和可操作性。党政部门和智库机构应该建立稳定的人员双向交流机制，让智库人才进入党政部门了解政策、实际参与决策，让有丰富实践经验的党政干部定期到智库从事研究，有效增进双方理解，使智库研究更加切合党政部门决策需求。① 一方面，利用"旋转门"机制，建立健全政府和智库、学界、企业间的人才流转机制，鼓励和吸纳社会优秀人才到政府部门任职，并逐步建立健全公务员等体制内人才向智库、学界、企业流转的制度和法律体系。另一方面，通过打造国际人才"旋转门"，创造条件鼓励和支持政府机构、智库与国际组织间的人才流转，邀请符合条件的海外华人华侨、港澳台人才、归国留学人员和外国专业人士加入智库，通过交流、实习、挂职、专家顾问等方式加强向各类国际组织输送人才，在国际规则制定过程中发出更多中国声音、注入更多中国元素，维护和拓展我国利益，全面提升我国智库人才的国际化水平。②

（4）依托企业培养经济领域战略咨询人才。在产教融合的新形势下，智库应深化与产业界的人才培养合作。传统上智库与产业界的合作集中于应用对策研究与标准规范研发，智库人才在其中扮演的主要是服务性角色，其自身在产教融合中的成长路径尚未得到有效确立。未来，智库应将人才培养融入各项工作，在咨询服务过程中结合业界需要培养人才，实现产业发展和人才自身成长的双赢。2023 年，国资委印发《关于中央企业新型智库建设的意见》，提出了中央企业建设智库的原则、目标和任务，中央企业将成为企业智库人才培养的重要主体。

2. 培养体系的学科化

智库研究对象的复杂性和研究成果的实践性决定了智库理论方法的重要性，而智库理论方法的高度和厚度决定了决策咨询的深度和广度，必须形成学科化的智库人才培养体系。

（1）夯实智库研究理论基础。一项调查问卷结果显示，约 **52%** 的被调

---

① 常晨，蒋岩桦. 扎根实践 抓好智库人才队伍建设［N］. 中国社会科学报，2020-11-19.
② 王辉耀，如何打造中国特色智库人才"旋转门"［N］. 光明日报，2016-10-19.

查者认为中国智库的研究水平较低，约33%的被调查者认为中国智库的研究处于一般水平，仅约15%的被调查者认为中国智库的研究水平较高。①国内外知名智库都很重视针对研究问题创新研究方法，提高研究的科学性，发展出了多种定性、定量的研究方法。从专业化走向科学化，发展具有普遍适用性的智库理论方法及创新解决具体领域问题的方法工具，是提高智库研究质量和水平的必经路径，是各智库面临的现实而紧迫的重大课题，也将成为中国新型高端智库建设过程中产出的重大理论贡献。中国科学院科技战略咨询研究院在提升专业化和科学化的同时，率先提出学科化发展路线，提出"智库科学与工程"学科概念，奠定了智库人才培养的学科基础。

（2）科教融合培养智库人才。智库研究作为一门科学，需要基于共识性、专业性、规律性的研究范式，不断深化理论和实践探索，提高研究的科学化水平，是一个"理论探索—应用实践—理论创新—实践深化"的长期迭代过程，也是"研究范式—理论方法—学术体系—科学共同体—期刊载体—人才培养"六位一体的融合发展过程。② 在科教融合的新要求下，智库应把握好咨政研究与人才培养的内在关联，推动二者从协调发展到融合发展的转型升级。③ 如中国科学院科技战略咨询研究院作为中国科学院建设国家高端智库的综合集成平台，致力于为国家科技发展战略、规划、政策提供前瞻咨询建议和系统解决方案。为更好培养智库人才，2022年，中国科学院战略咨询院获教育部批准"高端科技智库人才培养"专项，中国科学院大学公共政策与管理学院设置"智库理论与方法"特色方向和相应课程体系，通过考察咨政研究和人才培养的差异与共性，挖掘智库人才培养与智库实践需求之间的内在关联与契合点，为培养从事智库研究、发展智库方法的人才奠定学科基础④，有效解决了智库的咨政研究和人才培养两条线

---

① 鞠维伟．当前国内智库人才培养现状、问题及对策［J］．智库理论与实践，2019（01）．
② 潘教峰．智库建设需寻学术之根 筑科学之基［N］．光明日报，2022-11-03．
③ 余晖．新时代智库的育才之维［N］．中国社会科学报，2023-01-19．
④ 潘教峰．智库建设需寻学术之根 筑科学之基［N］．光明日报，2022-11-03．

的问题。

3. 培养内容的交叉化

智库人才服务于经济社会的发展变化,而当今社会发展所面临的重大挑战本质上所涉及的科学领域常常具有交叉科学研究属性。这就需要智库人才具备扎实的各领域理论知识,在学科领域全面性的基础上,培养内容更注重交叉性。

(1)学科设置体现基础研究与应用研究的交叉。传统课程教育体系无法适应新时期智库发展对人才培养的要求,传统培养模式忽略了智库人才在跨学科背景下的应用能力,无法满足行业快速发展和人才多元化需求。当前中国智库人才很多是人文社会科学研究背景,要重视选拔统计学、传播学、大数据、计量分析等方面的专业人才,推动智库学者将基础研究与应用研究紧密结合起来,培养更多对策研究型人才。

(2)学科设置体现前沿领域交叉和跨学科特点。当前科学上的重大突破、新知识生长点及新兴前沿学科的产生,大多数得益于不同学科前沿知识相互交叉融合,跨越了单一学科的边界,智库人才需要对科技、政治、经济、外交、军事、文化、教育等融会贯通,具备相对广博的专业知识和综合技能。兰德公司现有的1880名员工来自50多个国家,半数以上的研究人员(850人)持有一个或多个博士学位,涉及经济学、政策分析学、社会科学、工程学、生命科学以及数学、运筹学、统计学等多个领域。[①] 智库人才不仅需要有学科领域的深厚专业科学素养,同时也要具备跨学科理解能力以及开阔的视野和前瞻性判断力。

4. 培养方式的多样化

针对智库人才所需不同能力,可以依托重大咨询项目、重点案例赛事、研修沟通机制等多种形式,培养智库人才的综合分析能力、实战能力和沟通能力。

(1)依托重大咨询(智库)项目培养人才综合分析能力。以重大咨询

---

① https://www.rand.org/zh-hans/about.html [访问日期:2024年8月22日]。

（智库）项目为依托，实施"人才+项目"的培养模式，发现和培养一批优秀的智库领军人才和青年人才，形成智库人才梯队。如美国知名高校智库约翰·霍普金斯大学（Johns Hopkins University）保罗·尼采高级国际问题研究院（Paul H. Nitze School of Advanced International Studies）设立了各种形式的研究项目和研究平台，涉及国际关系、区域问题等多方面研究，培养智库人才。我国政府决策部门也会针对部门综合性和领域性政策、重点热点社会问题等，以智库项目、招标项目、揭榜挂帅等多种形式开展前期研究支撑。

（2）依托重点案例赛事培养智库人才实战能力。智库方向是公共管理学科的重要方向之一。随着我国公共治理能力建设和发展进入新的周期，公共部门治理的实践模式、学科基础、研究视野、学科框架、理论形态和知识体系都在动态更新。[①] 智库研究要深度把握案例的实践性、应用型等特征，对公共管理案例问题进行认知、总结和提炼。如公共管理案例大赛促进公共管理理论与实践有机结合，让科学的分析和理性思考在比赛平台中发挥价值，开创案例教学和研究的新范式，为探寻公共管理良善治理之路提供新思想和赋能新智慧。公共管理案例大赛凭借其真实性、代表性、复杂性及发现解决公共治理问题方法的可示范性，在案例分析过程中实现公共管理人才培养的目的。[②]

（3）依托研修交流培养智库人才沟通能力。国外高端智库研究人员的研修交流机制是人才培养的重要方式之一，不仅有常态化的智库人才交流机制，形成智库与智库之间、智库与社会之间可持续的互动交流，更注重与国际知名智库的交流与合作，开展国际研究项目，参与国际智库之间的对话，在"走出去"的过程中实现自身的发展。[③] 中国宏观经济研究院遴选研究人

[①] 苏蕾权. 公共管理案例大赛优化人才培养模式助力高校学科建设［J］. 四川劳动保障，2024（01）：48-49.

[②] 苏蕾权. 公共管理案例大赛优化人才培养模式助力高校学科建设［J］. 四川劳动保障，2024（01）：48-49.

[③] 新型智库人才建设的理与路［OL］. 中国社会科学网，https：//www.cssn.cn/skgz/bwyc/202303/t20230323_5615183.shtml，2023-03-23.

员进入"国宏访问学者计划",为其创造到国际知名智库或顶尖研究型高校访学深造的机会。①

5. 培养方法的数智化

信息技术的每一次革新都会深化人才培养方法,有力推动培养理念更新、模式变革、体系重构,提升人才培养能力和水平。特别是基于生成式人工智能(AIGC)应用的智库人才实践教学和训练,能较好地弥补高校人才培养体系难以全面培养专业综合技能的不足,为有效培养具备业务实践技能的综合性智库人才带来机遇。

(1)人工智能赋能智库教学方法。信息技术深度融合到教育教学全过程,在构建新型智库人才教学方法中发挥着重要作用。在数字化转型背景下,信息技术通过搭建创新型智慧化的教学新环境、提供科学性动态化的教学大数据等方式,采用慕课(MOOC)资源、虚拟仿真(VR)、智慧教室(Smart Classroom)等手段,为智库人才提供线上线下混合式教学,引导开展合作学习、探究学习、个性化学习。②

(2)人工智能赋能智库调查方法。问卷调查、文本分析等是智库人才必须具备的基本调查方法。随着数字技术、人工智能的不断发展,这些传统调查研究手段面临诸多挑战,需要将算法、算力等精确性强、操作简便的数字化辅助决策工具用于调查研究。新一代人工智能等技术可以实现"问题导向"的任务精准匹配,预先开发调研任务分配系统,或用大数据分析方法确定调研项目清单等③,使得智库决策的数据基础更为扎实。

---

① 李曜坤,牛家儒. 深入推进我国智库体系建设的思路与建议 [J]. 社会治理, 2018 (10):35-40.
② 张大良:用现代信息技术赋能高质量人才培养的内涵与路径 [OL]. 中国高等教育学会, 2022-09-21. https://www.cahe.edu.cn/site/content/15472.html.
③ 开展调查研究要用好数字化新手段 [OL]. 中国政府网, https://www.gov.cn/zhengce/2023-04/14/content_ 5751824.htm, 2023-04-14.

第三章 我国智库人才队伍特征定量分析与研究

智库是国家决策咨询系统和体系的重要组成部分,近年来我国智库发展迅速,从事智库研究的人才队伍也随之日趋壮大。本研究聚焦我国智库人才队伍的现状特征,基于履历(Curriculum Vitae,CV)分析法对智库人才的个人履历信息进行分析,同时也面向国内相关智库单位开展问卷调查工作,在此基础上刻画我国智库人才队伍的现状和特征。本部分主要包括"我国智库人才队伍特征定量分析""我国科技智库人才队伍特征定量分析""智库人才调查问卷反馈结果定量分析"三方面内容。

一 研究数据来源

我国智库人才队伍特征定量分析:数据来源于《中国智库名录(2016)》[1],研究遴选出服务于中央政府决策咨询的国家层面智库机构,筛除人员信息不完整的机构后,最终筛选出419家智库机构为分析样本,依据这419家智库机构名称,在智库机构官网上查找相关人才队伍信息,共查找到7570条智库人员相关履历数据,形成智库人才队伍数据库。

---

[1] 《中国智库名录(2016)》2016年由社会科学文献出版社出版,共收录1192家智库,信息采集截止时间为2016年9月30日。

我国科技智库人才队伍特征定量分析：数据来源于《中国智库名录 No.4》①，研究初步筛选出服务于国家整体发展战略决策的智库机构，在此基础上根据科技智库的概念与内涵界定，检索出以科技政策研究和科技战略决策服务为主要职能的智库，最终筛选出 83 家科技智库的 1606 条智库人员相关履历数据。

智库人才调查问卷反馈结果定量分析：本调研采用网络问卷的形式，由中国科学院科技战略咨询研究院项目组组织实施，以 80 余家智库人才联盟成员单位的智库人才为调查对象，于 2024 年 1 月 9 日至 3 月 1 日进行，共收集有效问卷 198 份。

二 研究方法

履历分析法：以科技人员的履历作为数据来源，对其中包含的科技人员的丰富信息进行编码和分析，同时借助相应的描述统计分析方法，以此为基础来分析科技人才的职业发展轨迹、职业特征、流动模式以及科研人员个人和组织的评价等问题。

问卷调查法：以问卷形式对研究材料进行搜集，测量被调查者的行为、态度、社会特征或收集其他信息，研究者可以将收集结果进行处理并编码，从而进行信息化处理和定量分析，以获得与研究主题相关的数据、资料与信息等。

三 研究结果分析

（一）我国智库人才队伍性别组成情况

1. 智库人才队伍：以男性为主，占比超过四分之三

从智库人才队伍性别组成的基本情况来看，男性共有 5608 人，占比

---

① 《中国智库名录 No.4》2020 年由社会科学文献出版社出版，共收录 1537 家智库，信息采集截止时间为 2020 年 2 月 29 日。

76.99%，要远高于女性人员的占比 23%（见表 3-1）。与全国研究与试验发展（R&D）人员中性别相关数据比较①，可以看到，智库研究人员与 R&D 人员的性别比例大致相近，其中女性占比与 R&D 人员中的女性比例（26.79%）相比稍低一些。根据《中国科技人力资源发展研究报告（2018）——科技人力资源的总量、结构与科研人员流动》②，截止到 2017 年底，我国女性科技人力资源占科技人力资源总量的 38.9%，智库人才队伍中女性占比与科技人力资源中女性占比有较大差距。

表 3-1 智库人才队伍性别组成及反馈样本情况

单位：人，%

类别	智库人才队伍	科技智库人才队伍	问卷调查反馈样本
男性数量	5608	1242	104
比例	76.99	79.26	52.53
女性数量	1676	325	94
比例	23	20.74	47.47
总计	7284	1567	198

说明：部分智库人员的性别信息缺失，最终总计 7284 人参与智库人才队伍的性别组成统计；数据因四舍五入原因，略有误差，未做机械调整，余同。

2. 科技智库人才队伍：以男性为主，人数约为女性的四倍

除去性别信息不详的 39 人，智库人员信息库中可查询到 1567 位科技智库人员的性别情况，女性有 325 人，占比 20.74%，男性有 1242 人，占比 79.26%，男女人数比接近 4∶1。从科技智库人才队伍性别分布情况来看，男女占比差距较大，据《中国科技统计年鉴 2022》，与我国科技人员队伍性别分布相比，在 R&D 人员（全国研究与试验发展人员）中，女性约占 25.92%，男女人数比约为 2.9∶1。③

---

① 国家统计局社会科技和文化产业统计司，科学技术部战略规划司编．中国科技统计年鉴 2019 [M]．中国统计出版社，2019．
② 中国科协调查宣传部，中国科协创新战略研究院．中国科技人力资源发展研究报告（2018）——科技人力资源的总量、结构与科研人员流动 [M]．清华大学出版社，2020．
③ 国家统计局社会科技和文化产业统计司，科学技术部战略规划司编．中国科技统计年鉴 2022 [M]．中国统计出版社，2022．

3. 问卷调查反馈样本：男性略多于女性，比例约为1:1

反馈样本的 198 个有效数据中，男性共有 104 人，占总人数的 52.53%，女性共有 94 人，占总人数的 47.47%，比例约为 1：1。不同于智库人才队伍及科技智库人才队伍中男性比例远高于女性的情况，反馈样本中的智库人才性别比例无较大差异。

（二）我国智库人才队伍职称组成情况

1. 智库人才队伍：职称分布呈倒金字塔结构

如表 3-2 所示，绝大多数（65.98%）的智库人员职称为正高级，有 27.84% 的人员职称为副高级，还有 5.39% 的人员职称为中级，而职称为初级的人员则仅占 0.79%。与科研人员一般职称结构不同，智库人才队伍的职称分布呈现倒金字塔结构，正高级职称比例极高。这一方面表明从事智库工作的人员职称需求和从事一般科研工作有所不同，需要专业知识积累以及工作经验积累等；另一方面也与数据库采集的样本信息有关，一般智库网站上所列人员队伍信息中，中级及以下职称人员信息较少或者只有名字没有其他信息，因而未能纳入样本进行分析，这也是导致分析结果中高级职称比例较高的一个原因。

表 3-2 智库人才队伍职称组成及反馈样本情况

单位：人，%

类别	智库人才队伍	科技智库人才队伍	问卷调查反馈样本
正高级职称	4077	909	60
比例	65.98	72.55	33.33
副高级职称	1720	284	55
比例	27.84	22.67	30.56
中级职称	333	60	61
比例	5.39	4.79	33.89
初级职称	49	—	4
比例	0.79	—	2.22

2. 科技智库人才队伍：正高级职称人数最多，整体呈倒金字塔分布

1253 个科技智库人员中有 909 人（72.55%）为正高级职称，占比超七成；副高级职称有 284 人，占比 22.67%；中级职称有 60 人，占比仅为 4.79%。整体来看，呈现以正高级职称为主的倒金字塔分布结构，异于我国科技工作者整体的职称分布情况。虽然受网络信息不全等客观原因所限，无法检索到全部样本的职称信息，但即便如此，依据目前的统计情况，正高级职称群体数量已超半数，占据非常突出的主体地位，整体职称分布依旧呈现明显的倒金字塔结构（见图 3-1）。

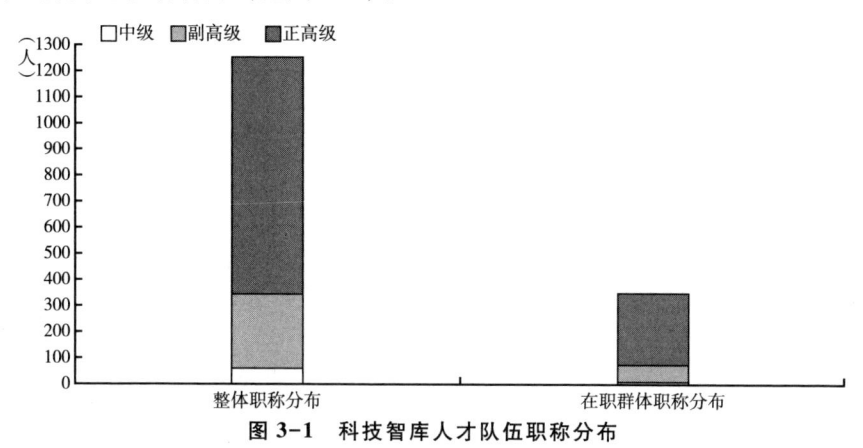

图 3-1 科技智库人才队伍职称分布

3. 问卷调查反馈样本：以正高、副高及中级为主，且无较大差异，仅有 4 人职称为初级

反馈样本的 180 个有效数据中，职称为初级的智库人员仅有 4 人，占总人数的 2.22%。其他 176 个有效数据中，职称为正高级的智库人员有 60 人，占总人数的 33.33%；职称为副高级的智库人员有 55 人，占总人数的 30.56%；职称为中级的智库人员有 61 人，占总人数的 33.89%。这三类职称的人数占比无较大差异。

（三）我国智库人才队伍职务组成情况

1. 科技智库人才队伍：呈现以正县处级和正厅局级为峰值的双峰分布特征

科技智库人员信息库记录了 782 条科技智库人员的行政职务信息，

占比为48.69%。为更好地比较职务层级分布情况，仅对科技智库人员的最高层级的职务进行分析，并剔除海外机构的58条行政职务信息，依照《公务员职务、职级与级别管理办法》中的公务员领导职务层级对余下的724条行政职务信息进行分类。梳理发现，科技智库人员中行政职务为正县处级和正厅局级的人数最多，分别有171人和150人，分别占比23.62%和20.72%（见表3-3），整体职务呈现以正县处级和正厅局级为峰值的双峰分布。

表3-3 智库人才队伍职务组成及反馈样本情况

单位：人，%

类别	副国级		正省部级		副省部级	
	数量	占比	数量	占比	数量	占比
科技智库人才队伍	4	0.55	18	2.49	80	11.05
问卷调查反馈样本	—	—	—	—	—	—
类别	正厅局级		副厅局级		正县处级	
	数量	占比	数量	占比	数量	占比
科技智库人才队伍	150	20.72	140	19.34	171	23.62
问卷调查反馈样本	4	6.35	1	1.59	21	33.33
类别	副县处级		正乡科级		副乡科级	
	数量	占比	数量	占比	数量	占比
科技智库人才队伍	123	16.99	20	2.76	18	2.49
问卷调查反馈样本	20	31.75	15	23.81	2	3.17

为比较不同性别的职务分布情况，剔除掉没有性别记录的16条行政职务信息，分别梳理618位男性和90位女性的行政职务分布情况，发现男性和女性科技智库人员在行政职务方面存在较大差异。具体而言，男性行政职务大体上与科技智库人员整体情况相似，依旧呈现以正县处级和正厅局级为峰值的双峰分布，而女性科技智库人员的行政职务则以副县处级居多，具有更高行政职务的人数相对较少（见图3-2）。

2. 问卷调查反馈样本：以县处级干部为主，约占总人数的2/3

对智库人才调查问卷的反馈结果展开分析可知，反馈样本中智库人才队

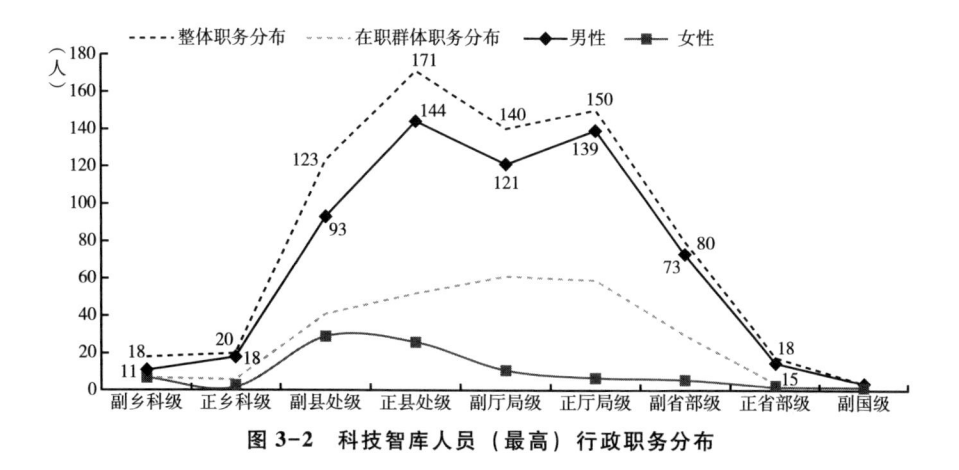

图 3-2 科技智库人员（最高）行政职务分布

伍以县处级干部为主，其中正县处级干部有 21 人，占总人数的 33.33%，副县处级干部有 20 人，占总人数的 31.75%。有 5 人职务为厅局级，其中正厅局级干部有 4 人，占总人数的 6.35%；副厅局级干部有 1 人，占总人数的 1.59%。有 17 人职务为乡科级，分别为正乡科级 15 人（23.81%），副乡科级 2 人（3.17%）（见图 3-3）。

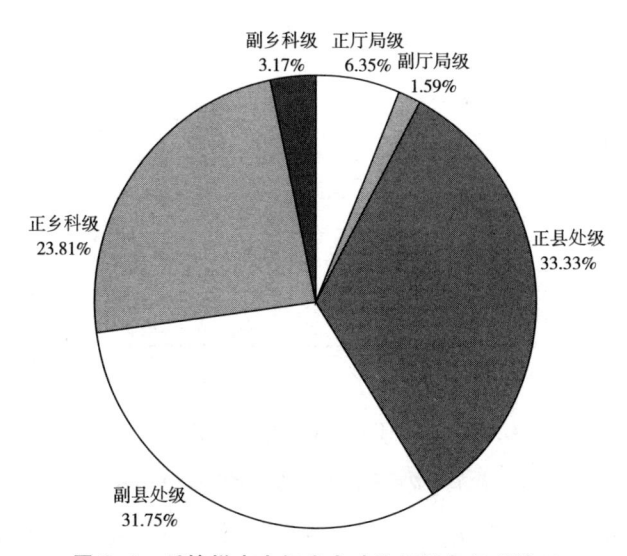

图 3-3 反馈样本中智库人才队伍职务组成情况

（四）我国智库人才队伍年龄分布情况

1. 科技智库人才队伍：50岁以上占比超七成，平均年龄约为58岁

此次收集的1606位科技智库人员的信息中，916位人员的相关信息缺失，有690位科技智库人员参与此项分析，平均年龄为57.93岁。其中，30岁及以下有37人，占比5.36%；31~40岁有50人，占比7.25%；41~50岁有98人，占比14.20%；51~60岁有257人，占比37.25%；61~70岁有135人，占比19.57%；71~80岁有46人，占比6.67%；81岁及以上有67人，占比9.71%（见表3-4）。由于智库工作的特殊性，科技智库需要经验丰富的复合型人才，对高资历、高阅历群体有客观需求，因而这一统计结果有其合理性；此外，该统计结果还可以从侧面反映出年龄较高的退休群体有更多精力参与到智库工作中来，有部分退休的专家学者以聘任的方式参与智库机构的研究，继续发挥其在专业知识、经验和人脉方面的优势。

表3-4　智库人才队伍年龄分布及反馈样本情况

单位：人，%

类别	30岁及以下		31~40岁		41~50岁	
	数量	占比	数量	占比	数量	占比
科技智库人才队伍	37	5.36	50	7.25	98	14.20
问卷调查反馈样本	19	9.60	78	39.39	65	32.83
类别	51~60岁		61~70岁		70岁以上	
	数量	占比	数量	占比	数量	占比
科技智库人才队伍	257	37.25	135	19.57	113	16.38
问卷调查反馈样本	32	16.16	4	2.02	—	—

2. 问卷调查反馈样本：年龄分布集中在31~50岁，占比超总人数的70%

如图3-4所示，反馈样本中智库人才队伍年龄分布集中在31~50岁，占比超总人数的70%，其中有78人（39.39%）年龄为31~40岁，65人（32.83%）年龄为41~50岁。此外，有32人年龄在51~60岁的区间，比例为16.16%，年龄为61岁及以上和30岁及以下共有23人，占比约为总人数的1/10。

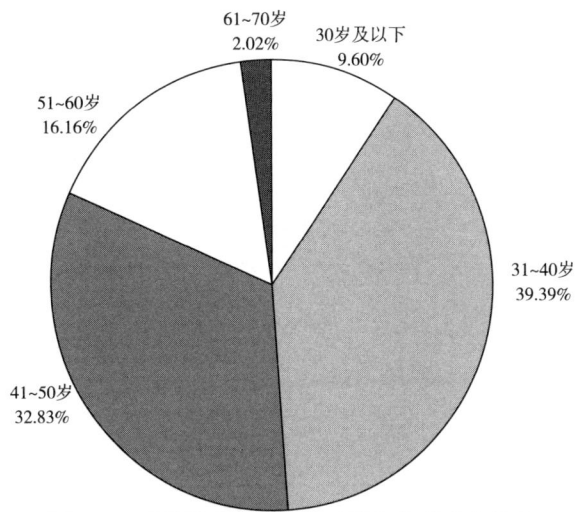

图 3-4　反馈样本中智库人才队伍年龄分布情况

（五）我国智库人才队伍本硕博毕业院校分布情况

表 3-5　智库人才队伍本硕博毕业院校分布及反馈样本情况

单位：人

类别	海外高校/科研机构			985 高等院校			211 高等院校		
	本科毕业院校	硕士毕业院校	博士毕业院校	本科毕业院校	硕士毕业院校	博士毕业院校	本科毕业院校	硕士毕业院校	博士毕业院校
智库人才队伍	111	422	882	2101	2028	1982	795	551	306
科技智库人才队伍	27	82	149	399	337	338	138	93	52
问卷调查反馈样本	3	17	7	77	97	102	52	50	22
类别	普通高等院校			（中央）科研机构			无硕士/博士学位		
	本科毕业院校	硕士毕业院校	博士毕业院校	本科毕业院校	硕士毕业院校	博士毕业院校	本科毕业院校	硕士毕业院校	博士毕业院校
智库人才队伍	1093	420	122	15	384	515	—	—	—
科技智库人才队伍	190	59	19	0	116	168	—	—	—
问卷调查反馈样本	64	24	4	—	—	—	0	4	41

注：因有三个数据来源，不同数据来源中既有"中央科研机构"也有"科研机构"的表述，因而合并为"（中央）科研机构"。同时，因"其他机构"数据数量较少，故未体现在表中。

1. 智库人才队伍：本硕博毕业院校为985高校的比例均超过50%

我们把智库人才的毕业院校分为海外高校/科研机构、中央科研机构、985高等院校、211高等院校、普通高等院校及其他机构几种类型，根据履历信息分别统计了智库人员的本科、硕士以及博士的毕业院校情况。如表3-5和表3-6所示，本科毕业于海外高校/科研机构的智库人员为111人，占2.68%，硕士毕业院校为海外高校/科研机构的数量较多，为422人，占11.08%，而博士毕业院校为海外高校/科研机构的人数则进一步增长，为882人，占23.17%。毕业院校为985高校的智库人员占了主要部分，本科为2101人，占50.72%，硕士为2028人，占53.27%，博士为1982人，占52.06%。

从本科、硕士、博士三个教育阶段看，毕业于211高校的智库人员数量呈下降趋势，本科、硕士、博士分别为795人（19.19%）、551人（14.47%）和306人（8.04%）。毕业于普通院校的数量也是呈下降趋势，本科为1093人，占26.39%，硕士为420人，占11.03%，仅有122位智库人员的博士毕业院校为普通院校，占3.20%。这与我国研究人员的教育经历基本一致，一般本科考取硕士或者硕士考取博士，都是选择比自己原来就读学校更好的学校或者机构，努力在更高的平台上实现自己的期望。

表3-6 智库人才本硕博毕业院校分布情况

单位：人，%

类别	本科毕业院校	比例	硕士毕业院校	比例	博士毕业院校	比例
海外高校/科研机构	111	2.68	422	11.08	882	23.17
中央科研机构	15	0.36	384	10.09	515	13.53
985高等院校	2101	50.72	2028	53.27	1982	52.06
211高等院校	795	19.19	551	14.47	306	8.04
普通高等院校	1093	26.39	420	11.03	122	3.20
其他机构	27	0.65	2	0.05	0	0
总计	4142	100	3807	100	3807	100

2. 科技智库人才队伍：985高校比例最高，研究生阶段逐步转向科研院所和海外院校

科技智库人员信息库记录了754人的本科学位院校信息，681人的硕士学位院校信息和715人的博士学位院校信息。进一步将流动群体取得高等教育学位的院校及机构划分为五类，其中中国境内院校及机构分为"985高校"、"211高校"、"科研院所"和"普通高校"四类，海外院校及机构统一归入"海外高校/科研机构"之中。整体来看，科技智库人员毕业院校层次较高，就读于985高校的人数占据高等教育每个阶段的最大份额，随着学历的提升，就读于211高校和普通高校的人数和占比呈现减少，而就读于科研院所和海外高校/科研机构的人数却在硕、博阶段逐步攀升（见图3-5）。

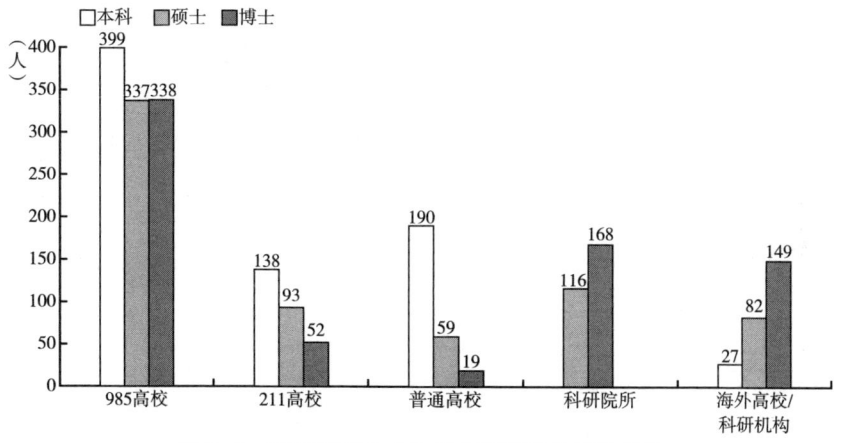

图 3-5 科技智库人才队伍本硕博毕业院校分布

注：因存在部分人员有两个硕士学位或两个博士学位的情况，故学位的实际统计数量多于实际的统计人数。

3. 问卷调查反馈样本：毕业院校为985高等院校的比例持续上升，毕业院校为海外高校/科研机构的比例先升后降

我们把智库人员的毕业院校分为985高等院校、211高等院校、普通高等院校及海外高校/科研机构等几种类型，根据问卷调查结果分别统计了智库人员的本科、硕士以及博士的毕业院校情况。如表3-7和图3-6所示。反馈样本中本科毕业于海外高校/科研机构的智库人员仅有3人，占1.53%，硕士毕业院校为

海外高校/科研机构的数量有所增加，一共17人，占总人数的8.85%，而博士毕业院校为海外高校/科研机构的人数又有所回落，一共7人，占总人数的3.98%。无硕士学位和无博士学位的人数分别为4人与41人，分别占总人数的2.08%和23.30%。毕业院校为985高等院校的智库人员占了主要部分，本科为77人，占总人数的39.29%，硕士为97人，占总人数的50.52%，博士为102人，占总人数的57.95%，毕业院校为985高等院校的比例随着学历上升而增加。毕业于211高校的智库人员数量则为下降趋势，本科、硕士、博士分别为52人（26.53%）、50人（26.04%）和22人（12.50%）。智库人员毕业于普通院校的数量亦有明显回落，本科为64人，占32.65%，硕士为24人，占12.50%，仅有4位智库人员的博士毕业院校为普通院校，占2.27%。

表3-7 反馈样本中智库人才队伍本硕博毕业院校分布情况

单位：人，%

类别	本科毕业院校	比例	硕士毕业院校	比例	博士毕业院校	比例
985高等院校	77	39.29	97	50.52	102	57.95
211高等院校	52	26.53	50	26.04	22	12.50
普通高等院校	64	32.65	24	12.50	4	2.27
海外高校/科研机构	3	1.53	17	8.85	7	3.98
无硕士/博士学位	0	0.00	4	2.08	41	23.30
总计	196	100	192	100	176	100

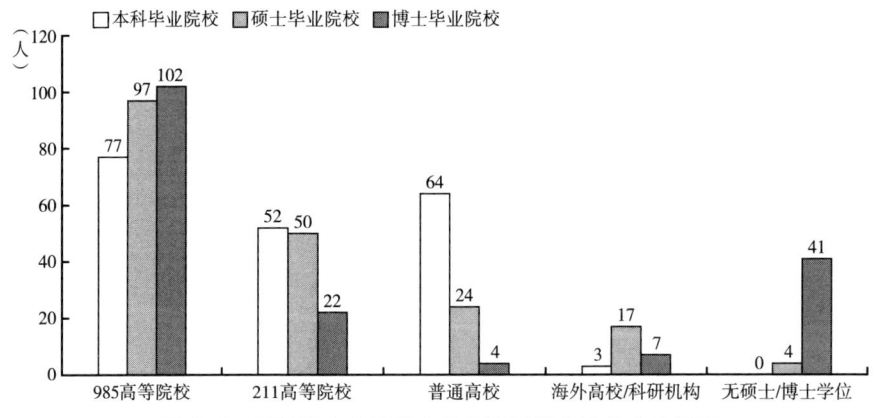

图3-6 反馈样本中智库人员本硕博毕业院校分布情况

（六）我国智库人才队伍本硕博学科专业分布情况

1. 智库人才队伍：本硕博所学专业中经济学比例最高

根据《学位授予和人才培养学科目录（2011年）》，我们将学科专业分为哲学、经济学、法学、教育学、文学、历史学、理学、工学、农学、医学、军事学、管理学、艺术学。根据表3-8，智库人员本科阶段占比最高的三个专业为经济学（18.64%）、工学（17.81%）、理学（12.62%）。硕士阶段经济学专业占比仍旧最高，为24.39%，法学专业升至第二，为17.86%，而管理学专业超过工学专业，占比12.97%。博士阶段占比最高的三个专业仍为经济学、法学和管理学，分别为32.18%、20.19%、13.05%。可以看到，经济学不管是在本科阶段，还是硕士和博士阶段，比例都是最高的，而且随着学历提升，其比例越来越高，表明经济学在我国智库研究中具有重要的作用。

表 3-8 智库人员本硕博学科专业分布

单位：人，%

专业	本科	占比	硕士	占比	博士	占比
哲学	110	3.15	108	3.36	121	3.57
经济学	650	18.64	784	24.39	1090	32.18
法学	434	12.45	574	17.86	684	20.19
教育学	103	2.95	126	3.92	148	4.37
文学	339	9.72	120	3.73	86	2.54
历史学	145	4.16	147	4.57	117	3.45
理学	440	12.62	261	8.12	163	4.81
工学	621	17.81	349	10.86	303	8.95
农学	364	10.44	282	8.77	183	5.40
医学	40	1.15	39	1.21	38	1.12
军事学	1	0.03	2	0.06	2	0.06
管理学	230	6.60	417	12.97	442	13.05
艺术学	10	0.29	5	0.16	10	0.30
合计	3487	100	3214	100	3387	100

由于网上查找的智库人员履历信息不全，能够查到同时具有本科教育阶段和硕士教育阶段或者同时具有硕士教育阶段和博士教育阶段专业的样本并不多。其中，本科与硕士专业相同的人员有641位，占比23.66%，专业不同

的人员为 2068 位，占比为 76.34%；筛选出同时有硕士专业及博士专业信息记录的智库人员 2344 位，其中，硕士与博士专业相同的人员有 934 位，占比 39.85%，专业不同的人员为有 1410 位，占比为 60.15%（见表 3-9）。可以看到，硕士到博士阶段专业相同的比例要比本科到硕士阶段专业相同的比例高，这可能与我国研究生教育中有不少学校是硕博连读或者是直博的方式有关。

表 3-9　智库人员本硕、硕博专业相同情况

单位：人

学科	哲学	经济学	法学	教育学	文学	历史学
本硕	26	199	133	22	31	44
硕博	31	338	187	50	24	35
学科	理学	工学	农学	医学	管理学	艺术学
本硕	51	71	29	5	30	—
硕博	48	70	60	15	75	1

对智库人员本科和硕士以及硕士和博士专业相同的情况进行了分析，发现本硕、硕博同专业的人员中，占比最高的学科都是经济学，其次是法学。本硕同专业且为经济学的人员占比为 31.05%，硕博同专业且为经济学的人员占比为 36.19%。本硕同专业且为法学的人员占比为 20.75%，硕博同专业且为法学的人员占比为 20.02%（见图 3-7 和图 3-8）。

2. 科技智库人才队伍：呈现本科以工学为主、研究生转为管理学和经济学的特征

科技智库人员信息库记录 579 人的本科专业信息，516 人的硕士专业方向信息和 555 人的博士专业方向信息，依据中国《学位授予和人才培养学科目录（2018 年）》中的一级学科大类进行专业划分。统计发现，在本科期间就读人数最多的三个专业依次是工学（225 人，38.07%）、理学（113 人，19.12%）和经济学（78 人，13.20%）。在硕士期间就读人数最多的三个专业依次是工学（137 人，26.50%）、管理学（103 人，19.92%）和经济学（93 人，17.99%），在博士期间就读人数最多的三个专业依次是管理学（144 人，25.95%）、经济学（128 人，22.94%）和工学（119 人，21.33%）（见图 3-9）。

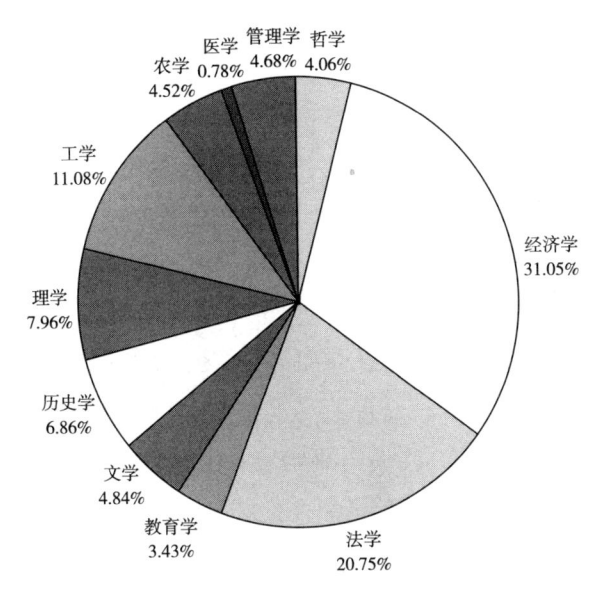

图 3-7　智库人员本硕专业相同情况分析

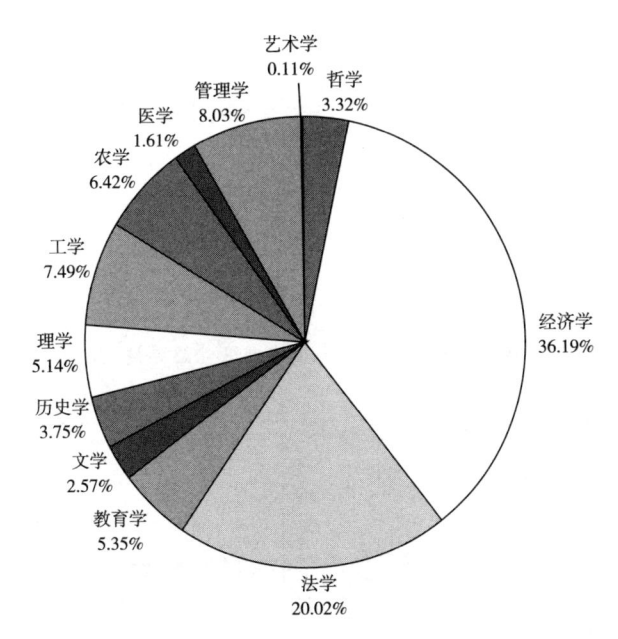

图 3-8　智库人员硕博专业相同情况分析

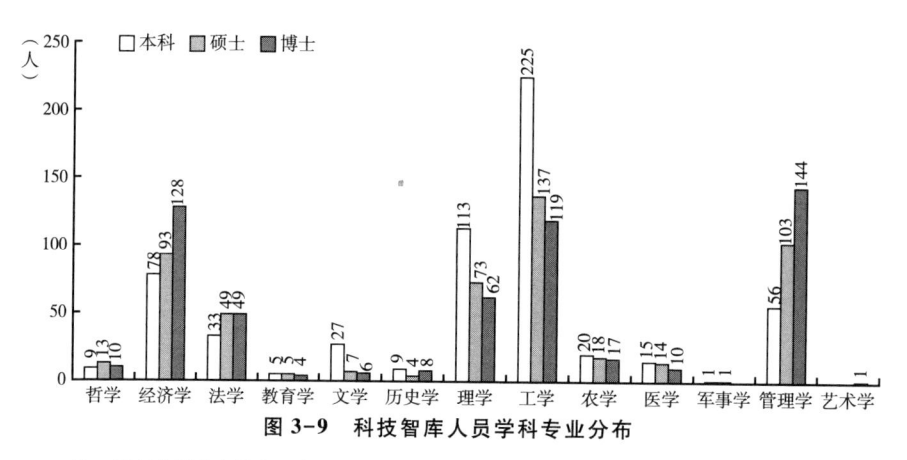

图 3-9 科技智库人员学科专业分布

注：因存在部分人员有两个学士学位、硕士学位或两个博士学位的情况，故学位的实际统计数量多于实际的统计人数。

不同学科人数占比出现变化，说明在不同学位阶段存在专业变化情况，为了进一步了解流动群体在高等教育不同阶段专业异同情况，聚焦同时记录本、硕、博专业经历的 327 人，依次比较其学历专业的变化情况。分析发现，其中 135 人在本、硕、博阶段皆无专业变动，占比 41.28%，余下近六成科技智库人员有专业变化经历，本、硕阶段专业不同的有 147 人，硕、博阶段专业不同的有 112 人，其中本、硕和硕、博阶段专业都发生变化的有 67 人。对本科到硕士、硕士到博士阶段变换最多的专业情况进行统计，其中从工学专业更换到管理学专业的情况在两个阶段都是最常见的，具体情况如表 3-10 所示。

表 3-10 中国科技智库人员本硕博专业变化最频繁的前三名情况

单位：人

更换专业（本科）	数量	接收专业（硕士）	数量	本科专业—硕士专业	数量
工学	55	管理学	42	工学—管理学	18
理学	32	经济学	39	工学—理学	16
经济学	18	理学	22	工学—经济学	14
更换专业（硕士）	数量	接收专业（博士）	数量	硕士专业—博士专业	数量
工学	28	管理学	37	工学—管理学	18
理学	22	经济学	26	管理学—经济学	14
管理学	19	工学	20	理学—工学	11

3.问卷调查反馈样本：本硕博所学专业中管理学人数总体比例最高，其次为经济学专业

如表 3-11 所示，反馈样本中智库人员本科人数占比最高的三个专业为管理学（20.20%）、工学（17.68%）、经济学（15.66%）。硕士阶段经济学专业人数占比进一步提高，总人数为 39 人，总占比为 20.10%，升至第一位；管理学专业为 38 人，仅次于经济学，占比 19.59%；而法学专业超过工学专业，升至第三位，占比 15.98%。博士阶段人数占比最高的专业仍为管理学，占比接近 1/4；其次为经济学专业，占总人数的 22.22%；法学专业占比持续增高，共 31 人，占总人数的 20.26%。反馈样本中智库人员本硕博阶段人数占比最低的三个专业为军事学、医学与历史学。反馈样本中智库人员本硕博专业均无军事学，占比最低；其次为医学专业，本科、硕士、博士阶段仅有 1 人为医学专业；专业为历史学的本科、硕士、博士智库人才分别为 2 人、2 人、3 人（见图 3-10）。

表 3-11 反馈样本中智库人员本硕博专业分布

单位：人，%

专业	本科人数	本科比例	硕士人数	硕士比例	博士人数	博士比例
哲学	2	1.01	6	3.09	7	4.58
经济学	31	15.66	39	20.10	34	22.22
法学	28	14.14	31	15.98	31	20.26
教育学	12	6.06	10	5.15	8	5.23
文学	17	8.59	11	5.67	3	1.96
历史学	2	1.01	2	1.03	3	1.96
理学	26	13.13	26	13.40	14	9.15
工学	35	17.68	28	14.43	13	8.50
农学	4	2.02	2	1.03	2	1.31
医学	1	0.51	1	0.52	1	0.65
管理学	40	20.20	38	19.59	37	24.18
总计	198	100.00	194	100.00	153	100.00

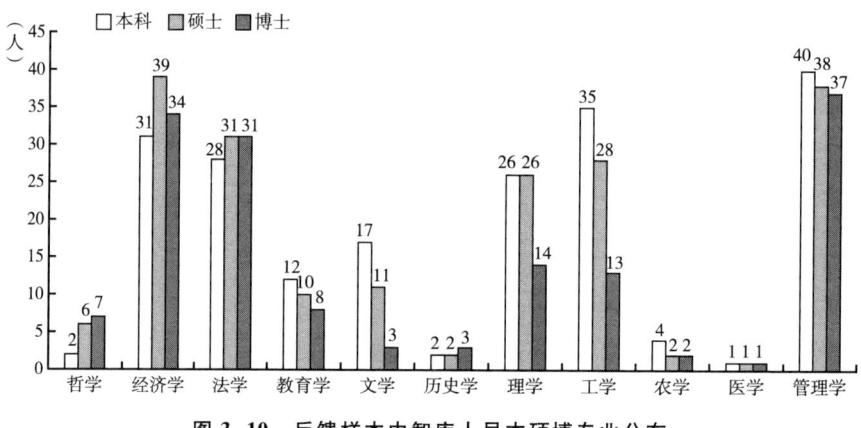

图 3-10　反馈样本中智库人员本硕博专业分布

如表 3-12 所示，反馈样本中共有 198 人的相关有效信息。其中，本科与硕士同读一个专业的人员有 132 人，占总人数的 66.67%；硕士与博士同读一个专业的人员为 111 人，占总人数的 56.06%；本硕博同读一个专业的人员为 84 人，占总人数的 42.42%。

表 3-12　反馈样本中智库人员本硕、硕博、本硕博同专业情况分析

单位：人

学科	哲学	经济学	法学	教育学	文学	历史学
本硕	1	24	26	8	9	2
硕博	1	25	26	7	1	1
本硕博	1	17	24	7	1	1
学科	理学	工学	农学	医学	管理学	
本硕	16	23	1	1	21	
硕博	12	11	1	1	25	
本硕博	7	8	1	1	16	

对反馈样本中智库人员本硕专业相同情况进行了分析，发现人数比例最高的学科为法学，占总人数的 19.70%，其次为经济学和工学专业，占比依次为 18.18% 和 17.42%。本硕专业为哲学、医学、农学的智库人才均为 1 人，占比最少，为 0.76%（见图 3-11）。

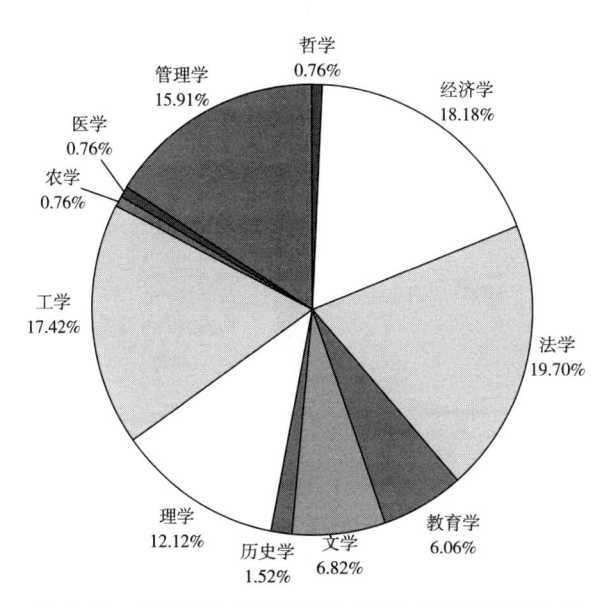

图 3-11 反馈样本中智库人员本硕专业相同情况分析

对反馈样本中智库人员硕博专业相同情况进行了分析，发现人数比例最高的学科仍为法学，总人数为 26 人，总占比为 23.42%，其次为经济学和管理学专业，两专业人数相同，均为 25 人，占比 22.52%。硕博专业为哲学、文学、历史学、医学、农学的智库人才均为 1 人，占比最少，为 0.90%（见图 3-12）。

对反馈样本中智库人员本硕博专业相同情况进行了分析，发现人数比例最高的学科为法学，总人数为 24 人，总占比为 28.57%，其次为经济学和管理学专业，分别为 17 人（20.24%）与 16 人（19.05%）。本硕博专业为哲学、文学、历史学、医学、农学的智库人才均为 1 人，占比最少，为 1.19%（见图 3-13）。

（七）我国智库人才队伍职业流动情况

1. 智库人才队伍：智库人员中至少有过一次流动经历的占比超过50%，男性流动比例远超女性

本研究根据《组织机构类型（GB/T20091-2006）》，将智库人员任职

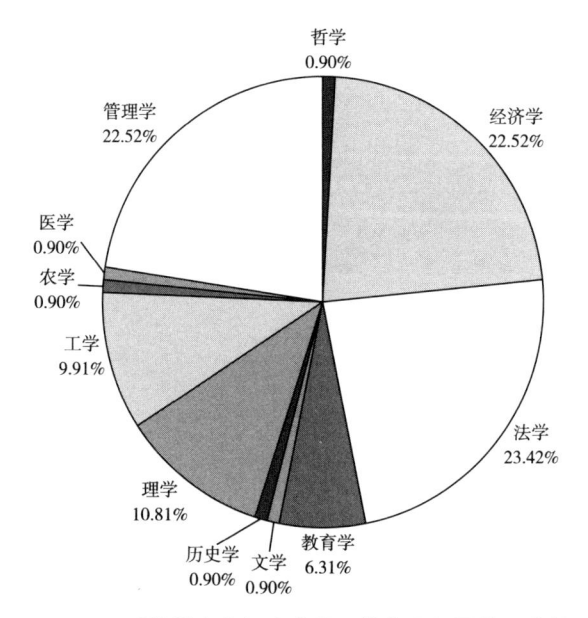

图 3-12　反馈样本中智库人员硕博专业相同情况分析

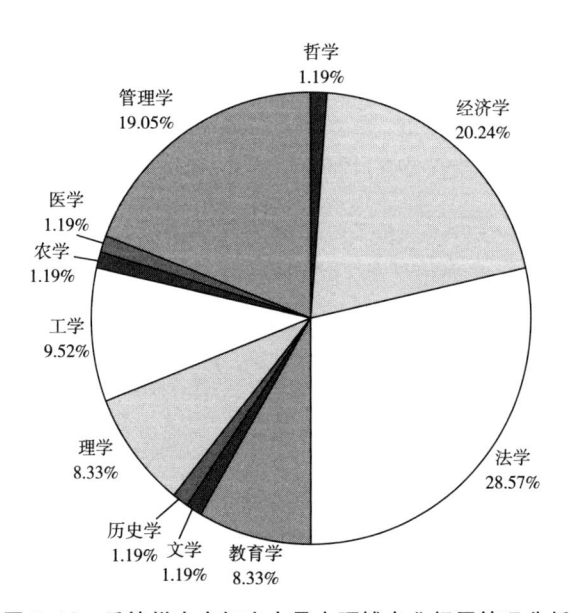

图 3-13　反馈样本中智库人员本硕博专业相同情况分析

机构分为机关单位、企业组织、事业单位、社会团体和其他组织机关。如表3-13所示，全部样本中，有4360人曾在事业单位就职，1123人曾就职于机关单位，有过企业组织、社会团体、其他组织机关任职经历的智库人员较少。由于一部分智库人员进行过职业流动，存在同一个智库人员同时在2个或2个以上不同类型的机构任职的情况。

表 3-13　智库人员曾任职机构类型

任职机构类型	人数
机关单位	1123
企业组织	669
事业单位	4360
社会团体	394
其他组织机关	565

对简历信息中有工作经历记录的智库人员（样本为4613人）的流动频次进行统计分析发现，有约一半的智库人员没有流动经历，占47.4%，也就是至少有一次流动经历的占52.6%，其中有一次流动经历的比例为19.3%，两次流动经历的比例为13.7%，三次流动经历的比例为7.7%，4次流动经历的比例为4.7%，5次流动经历的比例为2.7%（见图3-14）。

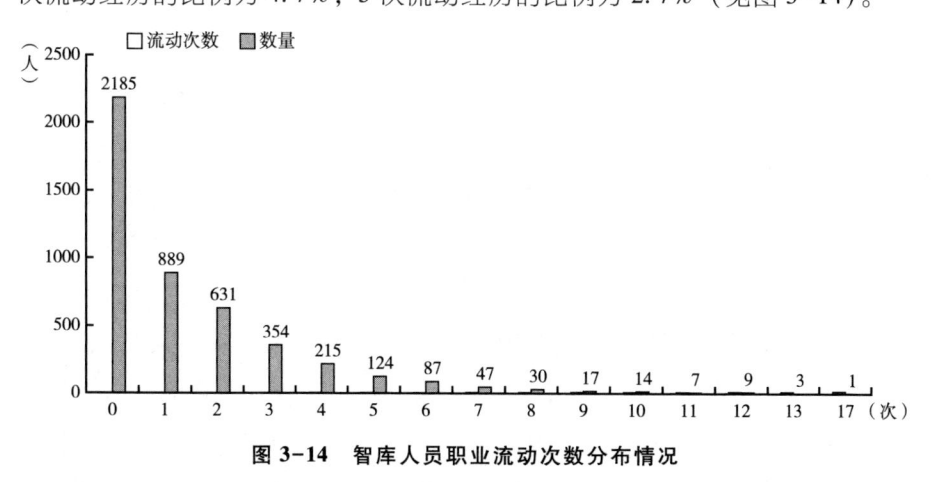

图 3-14　智库人员职业流动次数分布情况

进一步对智库人员的流动经历开展性别因素的交叉分析，发现男性流动比例远超女性。因有部分智库人员缺失性别信息，因而性别因素的交叉分析样本为 4587 人，其中男性 3613 位，占比 78.77%；女性 974 位，占比 21.23%。其中，男性流动频次最高的为 17 次，女性流动频次最高的为 9 次（见图 3-15）。

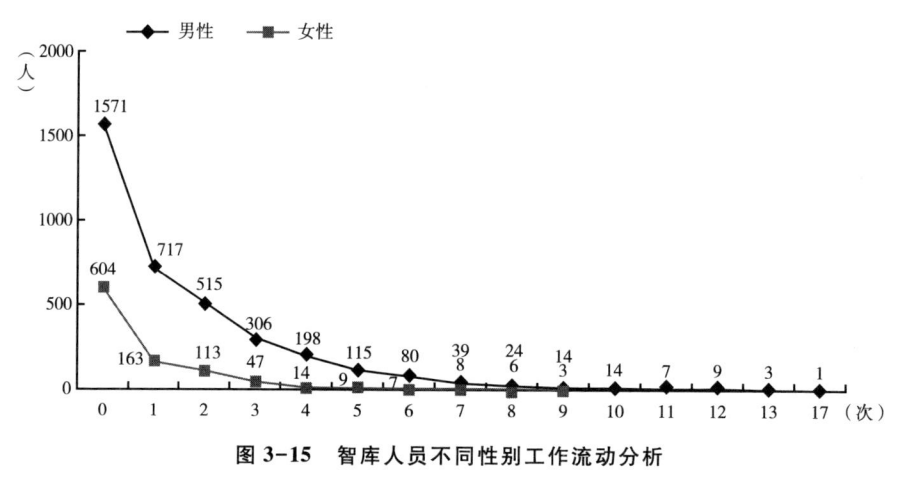

图 3-15 智库人员不同性别工作流动分析

2. 科技智库人才队伍：超六成有职业流动经历，男性占比更高

科技智库人员信息库记录了 865 人的工作情况，个人履历中有独立法人单位变动的全职工作变换经历，则记为有职业流动经历，反之则记为无职业流动经历。统计发现，有职业流动经历的男性人数有 479 人（67.66%），是没有流动经历（229 人，32.34%）的男性两倍之多；而有职业流动经历的女性人数（72 人，45.86%）则略少于没有流动经历的女性（85 人，54.14%）。也就是说，在科技智库人才队伍中，有职业流动经历的男性占男性科技智库人员的大多数，而女性的情况则相反。进一步聚焦有职业流动经历的群体，从流动比例来看，551 人有职业流动记录，314 人无职业流动记录，即科技智库人才队伍的整体职业流动比例为 63.70%；从性别分布来看，有职业流动经历的男性有 479 人，占比为 86.93%，而有职业流动经历的女性仅有 72 人，占比为 13.07%；从频次分布来看，科技智库人员发生职业流动的频次为 1~10 次不等，共计发生 1418 次流动，人均流动次数为 1.64 次。

3. 问卷调查反馈样本：至少有过一次流动经历的占比超50%，男女流动比例无较大差异

如表3-14和图3-16所示，高等院校和科研院所是智库人员最常任职的机构类型，两者合计占比超过60%。其中，高等院校共有88人次，是任职人数最多的机构类型，占总人次的32.47%；科研院所紧随其后，有85人次，占比31.37%。有34人次任职机构为企业组织，占比12.55%。政府机关和政府机构所属单位分别有20人次和35人次，占比分别为7.38%和12.92%。

表3-14 智库人员曾（现）任职机构类型

单位：%

任职机构类型	人次	比例
高等院校	88	32.47
企业组织	34	12.55
科研院所	85	31.37
政府机关	20	7.38
政府机构所属单位	35	12.92
非政府组织（NGO）	3	1.11
其他（实验室等）	6	2.21
总计	271	100

注：调查问卷中该题为多选，故统计总数超过样本总数。

对反馈样本中智库人员的流动频次进行统计分析，发现近半数智库人员没有流动经历，总占比47.28%，也就是至少有一次流动经历的占52.72%，其中有一次流动经历的比例为30.98%，两次流动经历的比例为15.22%，三次流动经历的比例为4.35%，4次流动经历的比例为2.17%（见表3-15）。

进一步对上述智库人员的流动经历开展性别因素的交叉分析，发现男性与女性流动经历无较大差异。在有流动信息的97人智库人员中，男性为52人，占比53.61%；女性为45人，占比46.39%。

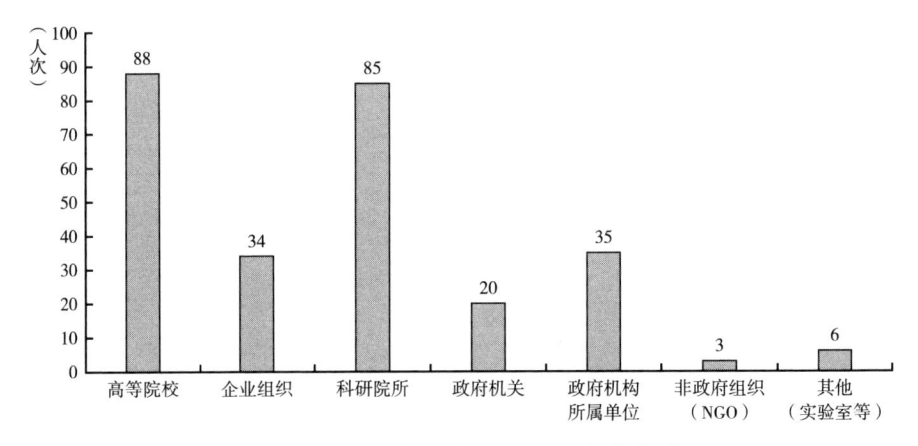

图 3-16　智库人员曾（现）任职机构类型

表 3-15　智库人员职业流动次数分析

职业流动次数（次）	人数（人）	比例（％）
0	87	47.28
1	57	30.98
2	28	15.22
3	8	4.35
4	4	2.17
总计	184	100.00

四　研究小结

人才队伍是智库高质量发展的关键要素，当前我国智库人才队伍已达到一定规模和水平，本章通过履历信息与问卷调查等方法，采集智库人才相关数据并进行统计分析，获得了我国智库人才队伍特征的一些初步结论。

（一）从性别比例看，男性数量占多数

不管是智库人才队伍，还是科技智库人才队伍，通过履历信息数据的分析发现男性的比例要远高于女性。尽管问卷调查反馈样本中女性比例较多，

这可能与女性更有意愿填答问卷有关。总体上看当前我国智库人才队伍中，男性数量还是占据了主体地位。

（二）从职称结构看，呈倒金字塔结构

根据履历信息与调查问卷的数据分析结果，可以看到智库人才队伍职称以高级职称特别是正高级职称为主，跟一般的科技人员队伍职称比例结构有较大区别。这虽然与数据采集中职称较低的智库人员信息没有采集到有关，但也从另一个侧面反映了智库研究与其他领域研究的差异性，智库研究对参与人员的职称以及经验等都有更高的要求。

（三）从教育经历看，大多数智库人员有跨学科教育背景

根据智库人员的教育经历信息可知，智库人员在高等教育不同阶段存在专业变化情况。例如，在本科与硕士阶段，智库人员所学专业相同的不到四分之一，超过四分之三的专业发生了变化。在硕士与博士阶段，智库人员所学专业发生变化的比例也超过了 60%。这种跨学科的教育背景对于提升智库人员开展综合性研究的能力至关重要，有助于他们更好地分析和解决智库研究中涉及学科交叉方面的复杂问题。

（四）从职业流动看，流动经历相对较为丰富

从智库人员的职业流动经历看，有过流动经历的智库人员比例超过 50%，在科技智库人才队伍中，有过职业流动的比例则更高一些，超过了 60%。这个比例远超科研人员的流动比例，这可能与智库本身的研究性质有关，需要智库人才在不同的工作单位和岗位上历练，积累实践经验，扩宽知识视野，才能对复杂的智库研究问题作出更精准的研判。

第四章 国际智库人才队伍发展

一 国际智库发展现状趋势与人才队伍建设经验

(一) 国际智库发展现状

1. 国际智库发展的历史和现状简介

国际智库的发展可以追溯到 20 世纪初,随着全球化和科技进步,各国对于政策制定和战略规划的需求日益增长,智库开始逐渐崭露头角。它们为国家提供决策支持、分析预测、战略规划等多方面的服务。在西方国家,智库已经成为政治体系中不可或缺的一部分。美国宾夕法尼亚大学"智库与民间学会研究项目"(TTCSP)发布的《2020 全球智库指数报告》显示,[①] 2020 年全球共有 11175 家智库,其中北美 2397 家,欧洲 2932 家,共占全球 47.7%;亚洲有 3389 家,占 30.3%;全球智库数量排名前十的国家为美国(2203)、中国(1413)、印度(612)、英国(515)、韩国(412)、法国(275)、德国(266)、阿根廷(262)、巴西(190)、越南(180),从智库排名可大致观察到,智库数量与国家综合实力息息相关。智库数量较多的国

---

① McGamn, James G., "2020 Global Go To Think Tank Index Report" (2021). TTCSP Global Go To Think Tank Index Reports, 18. https://vepository.upem.edu/think.tanks/18.

家，要么是世界舞台上的大国，要么是在国际舞台上高度活跃的国家。同时，对比宾夕法尼亚大学 2020 年智库报告数据与 2010 年数据，10 年间全球智库数量将近翻番，但是各国数据的此消彼长似与国家实力变化有着明显的对应关系。美国依旧领先，是全球拥有智库最多的国家，但其增长速度相对较慢，与其他国家数量差距缩小。俄罗斯、日本、加拿大跌出前十，韩国、巴西、越南等"新兴势力"进入前十，尤其是韩国已位居第五，让人印象深刻。值得一提的是，经过 10 年的发展，中国智库由 425 家跃升到 1413 家，数量是 10 年前的 3 倍还多，是前十位国家中增长幅度最大的国家。中国智库伴随国家崛起得到了快速发展。

按照研究领域，国际智库可以分为政治、经济、军事、外交、教育、科技等多个领域。这些领域的智库分别关注不同的问题，为政府、企业和社会团体提供专业的政策建议和战略规划。政治类智库主要关注政治制度、治理体系、公共政策等方面的问题。它们通过对政治现象的研究和分析，为政府和社会提供政策建议和决策参考。经济类智库专注于经济领域的研究。它们分析经济发展趋势、政策效应、国际贸易关系等方面的问题，为政府和企业提供经济发展战略和政策建议。军事类智库主要研究军事战略、国防安全、战争史等方面的问题。它们为政府提供军事政策和战略建议，协助国家维护安全和稳定。外交类智库专注于国际关系和外交政策的研究。它们分析国际形势、外交策略、国际组织等方面的问题，为国家外交政策的制定提供支持和建议。教育类智库关注教育领域的问题，研究教育政策、教育改革、教育质量等方面的问题。它们为政府和社会提供教育政策和教学方案的设计和评估。科技类智库专注于科技领域的研究，包括科技发展趋势、科技创新、科技政策等方面。它们为政府和企业提供科技发展战略和政策建议，推动科技进步和创新发展。

按照性质，国际智库可以分为国家主导或支持、大学内设、非营利机构、营利性机构等类型。首先，国家主导或支持的智库通常由政府出资建立，或以政府为主要资金来源。它们的主要任务是为政府提供政策建议和决策支持，为国家的发展战略服务。其次，许多大学为了推动学术研究与实际应用结合，设立了自己的智库。这些智库依托大学的学术研究力量，为政府、企业和社会提供专业的政策建议和战略规划。例如，美国的哈佛大学肯尼迪学院、英国的伦敦政治经济学院等大学内设的智库在国内外具有很高的声誉。再次，非营利机构智库通常由慈善组织、基金会等非营利机构出资建立。它们的主要目的是为公众利益服务，通过政策研究和社会倡导来推动社会进步和发展。例如，美国的布鲁金斯学会、英国的皇家国际事务研究所等都是知名的非营利机构智库。最后，营利性机构智库通常以企业或个人的形式存在，通过提供咨询服务来获取利润。这些智库的服务对象广泛，包括政府、企业和社会团体等。例如，美国的麦肯锡咨询公司、波士顿咨询公司等都是全球知名的营利性机构智库。

不同类型的智库有不同的服务对象和资金来源。总体来说，政府是智库的重要服务对象之一，而政府资金也是智库的主要资金来源之一。此外，企业和社会团体也是智库的服务对象，而企业捐赠、基金会资助以及市场化咨询服务收入等是智库的其他资金来源。国家主导或支持的智库资金来源主要是政府拨款，同时也可能获得其他政府机构的支持或项目资金。大学内设智库资金来源主要是大学拨款和外部项目资金，也可能包括一些企业捐赠和社会资助。非营利机构智库资金来源主要是慈善组织、基金会等非营利机构的捐赠，也可能包括一些政府拨款或项目资金。营利性机构智库资金来源主要是企业的咨询服务收入，也可能包括一些外部项目资金或个人捐赠。

不同类型的智库在人员组成上也存在差异。总体来说，国际智库的人员组成多样化，涵盖了各个领域的专家学者、政策制定者、企业家、媒体人士等。国家主导或支持的智库的人员组成主要包括政府官员、军事人员以及相关领域的专家学者等。他们通常具有丰富的实践经验和专业知识，能够为政府提供针对性强的政策建议和决策支持。大学内设智库的人员组成主要包括大学的教授、研究员以及相关领域的专家学者等。他们通常具有深厚的学术背景和研究能力，能够为政府、企业和社会提供专业的政策建议和战略规划。非营利机构智库的人员组成主要包括研究员、项目官员以及相关领域的专家学者等。他们通常具有广泛的社会联系和资源整合能力，能够为公众利益和社会进步做出贡献。营利性机构智库的人员组成主要包括咨询师、项目经理以及相关领域的专业人士等。他们通常具有丰富的商业经验和项目管理能力，能够为企业提供实用的咨询服务和解决方案。

2. 近年来国际智库发展的趋势

近年来，智库的发展呈现许多新的趋势和特点，这些趋势和特点反映了全球政治、经济的复杂化和多极化，也为智库未来的发展提供了新的机遇和挑战。

一是研究领域越来越综合。随着全球化和多极化的发展，单一领域的智库已经不能满足日益复杂的国际环境。因此，许多智库开始涉足多个领域，向综合型智库发展。这种趋势的出现，不仅有助于智库提供更加全面、客观的政策建议和战略规划，也有助于提高智库自身的竞争力和影响力。

二是数量越来越多。随着全球政治、经济的复杂化，各国对于智库的需求都在增加。据统计，全球智库的数量在近年来呈现快速增长的趋势。这种趋势的出现，一方面是因为各国政府和企业需要更多的智库为其提供咨询服务，另一方面是因为智库在推动国家治理体系和治理能力现代化方面发挥着越来越重要的作用。

三是立场越来越鲜明。智库在为政府、企业和社会团体提供咨询服务的同时，也经常表达自己的立场和观点。尤其在涉及国家利益和重大战略问题上，智库的立场越来越鲜明。这种趋势的出现，一方面是因为智库在为政府、企业和社会团体提供咨询服务时，需要有自己的立场和观点，另一方面也是因为智库为了提高自身的影响力和竞争力，需要积极发声，引领社会舆论。

四是政府越来越关注。智库对政府的影响越来越大。智库作为政府的"外脑"，其作用越来越受到政府的重视。政府通过与智库合作吸收其研究成果和建议，以制定更加科学、合理的政策。同时，智库也可以通过参与政府决策过程，影响政府的政策和决策方向。这种趋势的出现，不仅有助于提高政府决策的科学性和合理性，也有助于推动国家治理体系和治理能力现代化。

五是人员构成越来越多元。为了更好地服务客户，智库的人员构成越来越多元化，不仅有来自不同领域的专家学者，还有政策制定者、企业家、媒体人士等。这种多元化的人员构成有助于智库提供更加全面、客观的政策建议和战略规划。同时，智库也越来越注重人员的专业性和独立性，以确保其研究成果和建议的客观性和可信度。

六是研究的问题越来越复杂和专业化。随着全球政治、经济的复杂化，智库研究的问题也变得越来越复杂和专业。为了更好地应对这些挑战，智库需要不断加强自身的研究能力，提高研究的质量和水平。同时，智库也越来越注重与高校、科研机构等的合作，共同开展研究工作。这种趋势的出现，不仅有助于提高智库的研究水平和竞争力，也有助于推动学术界与政策界的交流和合作。

七是反应越来越超前。在全球化日益加速的今天，智库需要具备超前的眼光和反应能力。它们不仅要及时应对当前的问题和挑战，还要预测未来的趋势和变化，为国家和企业提供更加具有前瞻性的政策建议和战略规划。这种趋势的出现，不仅有助于提高智库的影响力和竞争力，也有助于推动国家治理体系和治理能力现代化。

3. 各国智库所发挥的主要作用及关注的重点领域

（1）各国智库所发挥的主要作用。各国智库在各自的政治、经济、社会和文化环境中扮演着重要的角色，为政府决策、企业发展和社会进步提供智力支持和政策建议。通过对国内外智库所发挥作用的梳理，发现主要包括以下四个方面。

一是服务于政府，为政府提供决策支撑。智库通过对政策问题进行深入研究，为各国政府提供科学的决策依据和专业的咨询意见。例如，在经济领域，智库会关注经济增长、产业结构调整、财政金融政策等问题，提出相应的政策建议，以促进经济的稳定和发展。在政治领域，智库会关注政治体制改革、民主法治建设、国家安全等问题，为政府提供战略性的思考和建议。发达国家的智库大多与政府有着密切的联系，以美国智库为例，很多都是议员或政府前政要创建的。因此它们虽然号称中立，但事实上很多都是服务于政府和党派的，其很多研究都是为政府新政策的出台提供决策支撑和前期研究的。

二是为政府和政府部门等提供第三方评估。智库作为独立的研究机构，为各国政府和政府部门提供第三方评估是其重要的职责之一。这种评估不仅有助于政府更加客观、全面地了解政策实施情况，还能为政府决策提供更加科学、合理的依据。以奥地利社会创新中心（ZSI）为欧盟"地平线计划"项目中"重新连接中国"（ReConnect China）提供的战略研究报告为例，ZSI 智库深入分析了 ReConnect China 项目的发展背景、目标定位以及实施情况，通过数据收集、问卷调查、专家访谈等多种方式，对项目的进展和效果进行了全面评估。在此基础上，ZSI 智库提出了针对性的建议和改进措施，为 ReConnect China 的未来发展提供了有益的参考。又如，当美国国防部发布新的战略防御指南并决定向亚太地区重新平衡时，众议院军事委员会要求国防部委托一个独立组织来评估太平洋指挥责任区的兵力态势，战略与国际研究中心便是国防部选定的委托机构。总的来看，智库的第三方评估工作具有高度的专业性和客观性，能够为政府决策提供重要的参考和支持。通过深入研究和科学分析，智库能够帮助政府发现问题、解决问题，推动政策的顺利实施和社会的稳定发展。同时，智库的第三方评估也有助于提高政府的公信力和透明度，增强公众对政府的信任和支持。随着社会的不断发展和进步，智库的作用将更加凸显，其评估工作也将更加深入、全面和精准。

三是为科技园区等提供咨询方案。各国智库在推动科技园区发展方面发挥着至关重要的作用，它们凭借深厚的专业知识和丰富的实践经验，为科技园区的建设和管理提供咨询方案，助力其实现可持续发展。例如，Startup Genome 和 StartupBlink 等智库机构，通过对全球科技园区的深入研究和对比分析，为各国科技园区提供了精准、有效的决策支撑。这些智库不仅关注科技园区的硬件设施和基础设施建设，还深入剖析园区的创新生态、人才聚集、政策环境等多个方面，为园区的全面发展提供全方位的建议。在咨询方案中，智库机构通常会结合科技园区的实际情况和发展目标，提出针对性的建议和措施。比如，针对园区创新生态的建设，智库会提出加强产学研合作、优化创新创业环境等建议；针对人才聚集问题，智库会提出完善人才引进和培养机制、搭建人才交流平台等方案。这些建议措施既具有前瞻性，又具备可操作性，为科技园区的长远发展提供了有力的支持。

四是为企业等提供关键问题解决方案。各国智库在为企业等提供关键问题解决方案方面发挥着举足轻重的作用。它们凭借深厚的专业知识、敏锐的洞察力和丰富的实践经验，为企业发展中的难题提供科学、合理的方案。在全球化竞争日益激烈的今天，企业面临着诸多挑战，如市场变化、技术创新、人才培养等。智库机构能够针对这些关键问题，进行深入研究和分析，为企业提供切实可行的解决方案。例如，针对市场变化，智库可以帮助企业分析市场趋势，制定市场策略，提升市场竞争力；针对技术创新，智库可以为企业提供技术评估、技术转移等方面的支持，推动企业技术创新和产业升级。此外，智库还可以为企业提供战略规划和决策支持。通过对宏观经济、政策法规、行业发展等方面的研究，智库可以帮助企业把握发展机遇，规避风险，实现可持续发展。

（2）各国智库所关注的主要领域。智库作为社会发展的重要智囊团，其关注的主要问题涵盖了国家安全、经济发展、社会公正、国际关系等多个领域。在当前全球化背景下，这些问题呈现日益复杂和多元的特点。

首先，大国科技竞争博弈是智库关注的重点之一。随着科技的飞速发展，科技实力、人才和科研实力、科研生态成为衡量一个国家综合国力的重要标志。当前，中美等大国在科技领域的竞争尤为激烈，这不仅涉及传统的高科技领域，如半导体、人工智能等，还扩展到量子技术、生物技术、大数据、新能源、关键矿产等前沿领域。智库通过深入研究这些领域的竞争态势，为政府和企业提供决策支持，推动科技创新和产业升级。其次，创新创业生态、数字化转型、产业链供应链韧性等议题也备受智库关注。在全球经济深刻变革的背景下，创新创业成为推动经济发展的重要动力。同时，数字化转型正在深刻改变各行各业的生产方式和商业模式。智库通过研究这些议题，提出促进创新创业、推动数字化转型、增强产业链供应链韧性的政策建议，为经济发展提供有力支撑。再次，气候变化、公共卫生、能源和环境等人类共同应对的问题也是智库关注的重点。这些问题不仅关系各国的可持续发展，也影响全球人类的福祉。智库通过深入研究这些问题的成因和解决方案，推动国际合作，共同应对全球性挑战。最后，政府治理问题、军事和外交问题、国际关系问题、国家安全问题以及国别问题也是智库研究的重要领域。智库通过对这些问题的深入剖析，为政府提供决策参考，以推动国际关系的和平稳定和提供国家安全的保障。

4. 国际智库人才队伍建设经验

（1）人才选拔与引进：多渠道吸纳多元化人才。在吸引优秀人才方面，国外知名智库的经验主要包括注重人才素质及多样性、通过"旋转门"机制招募退休官员、以实习生制度培养青年人才等。

一是人才选拔流程严格，多方面考察应聘者的能力与素质。如美国兰德公司首先通过全公司在岗员工皆可参与并打分的工作谈话（job talk）全面考察应聘者的研究选题、口头表达能力和应变能力。其次应聘者还须参加为期一整天，由各部门主管、负责人谈话的面试。最后由集体决定是否录用。又如，日本综合研究所通过提高标准积极选拔录用优秀人才，入选者多为一流大学的经济、社会、政治等社会科学领域及数字信息科学硕士、博士研究生，包括少量外国留学生。

二是注重人才的学科背景、年龄结构的多样性。如美国兰德公司注重跨学科人才的选拔和招聘，不限于政治科学或社会科学，而且招收大量理工科人才，开发跨学科政策分析方法。美国胡佛研究所的高级研究员和研究员主要由学者、政治家、商人和媒体领袖构成。德国知名智库既注重人才的理论素养，也注重人才的实践经验，招聘人才时综合考虑人才的年龄、学历、宗教、学科背景等方面因素。

三是注重人才来源的多元化。有的智库注重在全世界招募领军型人才及研究人员。例如，美国布鲁金斯学会约翰·桑顿中国中心引入华裔研究员领导中国问题研究团队，德国基尔研究所曾聘请英国学者担任所长，美国彼得森国际经济研究所聘请欧洲学者研究欧洲议题，日本许多研究所也会聘用东南亚国家的学者。有的通过双向"旋转门"机制吸引政策类人才。在"旋转门"机制下,智库的研究人员有机会担任政府要职,政府官员也有机会担任智库的咨询专家,在卸任之后还可到智库专职从事政策研究。有的通过实习生制度招募优秀青年人才。美国兰德公司每年都会从高校遴选一些优秀的博士生到公司实习,实习期间表现优异者将成为兰德公司正式员工。

(2)人才培养与使用:系统性培训,合理配置不同岗位,加强岗位流转。在人才培养方面,国外智库的经验主要包括智库办学、员工日常培训等方面。

一是通过办学培育高素质综合性人才。美国兰德公司创立自己的公共政策分析研究生院——帕迪兰德研究生院(The Pardee RAND Graduate School),其使命是建设精英公共政策研究生院,培养下一代公共政策领域顶尖人才。研究生院设立公共政策分析博士项目,招收学生的学术背景涵盖经济、社会科学、工程、法律、医学等,既注重学生的专业理论学习,也注重培养学生解决实际问题的能力。同时,为学生提供课外在职训练,学生能直接参与兰德公司的实际研究项目,在边学边干中获得智库工作能力及经验。德国基尔研究所依托基尔大学,覆盖硕士和博士项目,其高级研修项目(Advanced Studies Program,ASP)从1984年创建,每年进行为期10个月的硕士研究生课程教育,由在世界范围内聘请的顶尖经济学家进行集中、高强度的授课、考试,在课程结束后授予证书,该证书在德国范围内等同于硕士学位;还设有博士项目的补充课程,以及关于经济政策的暑期学校项目。英国伦敦政治经济学院开设的众多社会科学领域相关课程彼此之间联系密切,所有的本科生在第一年和第二年被要求选择至少一个本专业以外的课程,其目的是提升学生的人文素养。

二是注重智库人员的日常培训和交流。智库通过举办多种形式的活动来鼓励研究人员之间的跨学科合作,如经常性开展讲座或培训,帮助研究人员掌握最新的研究工具、方法、数据处理技术等,以提高研究人员的研究技能。美国智库将研究人员派往政府、企业实习考察,了解政府、企业等部门的实际决策需求。例如,美国兰德公司与英国伦敦国际战略研究所定期互派访问学者开展交流活动,提升人才决策咨询水平等。此外,在学生的培养过程中，美国帕迪兰德研究生院不仅注重学术能力，更重视学生的逻辑思维、创新能力、沟通技能和项目管理能力，因为这些能力对于他们未来在政策制定、咨询或研究的各种环境中发挥至关重要的作用。美国贝克公共政策研究所要求学生必须在完成至少 18 个学分后进入实习期，他们需要在各种基于国际或以国际为重点的政府和非政府组织、国际委员会、大使馆、机构或公司实习一学期。欧洲方面，德国智库定期举办各类政策讲座、研讨会、专业技能培训、参观访问等，为提高研究人员的综合素质奠定基础。

三是注重不同岗位人才的合理配置，多渠道发挥智库影响力，为核心研究人员提供强有力的后勤保障。首先，建立多层次研究员制度，兼职研究人员队伍庞大，国际交流众多、影响力大。比利时布鲁盖尔研究所（Bruegel）除了所内正式研究人员，还有多种层次的非全职研究人员。如来自中国、日本、印度和欧盟各国的访问学者，其他研究机构或智库曾经到 Bruegel 做过研究或参加过培训项目的兼职研究员，曾经为 Bruegel 研究助理、后去大学读博士并参与 Bruegel 的研究、贡献研究成果的附属研究员，曾经是 Bruegel 访问学者、后去其他机构工作并仍与 Bruegel 保持密切业务关系的外方研究员等。美国胡佛研究所的研究人员可以分为高级研究员、研究员、短期项目学者以及访问研究员。英国皇家国际事务研究所除专职研究人员，还可分为联系研究员（Associate Fellow）、咨询研究员（Consultant Fellow）和资深研究员（Distinguished Fellow）等不同类型的兼职研究人员。其次，建设数量多、作用大的研究助理团队。Bruegel 每位研究员一般都同时配有研究助理，甚至还配有实习生。研究助理通常是硕士毕业，在其他类似机构（例如国际金融机构、各国政府等）有过实践经验，在研究员的指导下，完成某个模块的研究工作。实习生通常是本科高年级、本科毕业生或在读硕士生，流动性强，在研究员的指导下进行研究辅助工作。美国胡佛研究所的高级研究员迈克尔·博斯金和约翰·泰勒各有一名研究助理，同时各有十多名学生助理。研究助理中有一部分人有博士学位，一般会寻求其他机构的学术职位，没有博士学位的研究助理会长期留在所内工作。此外，行政团队人员比重高，保障有力。胡佛研究所图书档案部门有 26 名档案管理人员、7 名保存人员、1 名编目人员、3 名上架借还人员以及 8 名专题档案负责人，加上其他行政部门人员，研究人员与非研究人员比例大致相同。英国皇家国际事务研究所在大约 100 名专职研究人员的情况下，配备了 50 多名行政人员。

四是灵活设置人员行政身份和研究身份，形成内部流动的劳动力市场。非常典型的是美国兰德公司的矩阵科研组织模式。兰德公司在研究人员和研究计划之间实行矩阵式管理方式，所有研究人员行政上属于职员发展与管理办公室下设的研究人员管理部，按教育和学科背景分别划归六个学部。学部主任向行政副总裁汇报，负责人员的招聘、考核、薪酬、提拔、培养、警告或解聘以及该学科的业务建设，同时也审查课题安排、研究进度、人员工作情况和经费开支情况。每个学部都设有研究助理。同时，兰德公司又按研究课题设立多个业务单元，研究项目的开展及经费的管理由研究部门负责。项目负责人根据课题的性质和需要，以项目为基线，根据其主要性质挂在某研究部门，再根据需要涉及不同学科的知识和专门经验，到六个研究人员学部招聘调配研究人员，组成课题研究小组集中工作，待课题结束后研究人员再回到各自原来的学部按新项目重新组合，形成内部流动的劳动力市场。

（3）人才评价与激励：荣誉和高薪，完善的退出机制。国际智库依靠"名利双收"的人才激励机制以及高效合理的考评和退出机制，留住人才并充分激发人才工作热情。

一是通过荣誉激励人才。国外智库通过设置专人将学术语言改造为适用于不同渠道风格的文体，在传统媒体、研究所网站、iPad 应用、手机网站、Facebook、Twitter 等多种渠道发布和推广研究成果，以帮助研究人员提高学术声望及社会影响力，使智库人才充分获得成就感和荣誉感。

二是通过物质激励人才。美国兰德公司给予研究人才的工资比同等资历的大学教授的工资要高出 1/3，还设立了专门授予贡献卓越员工的"总裁奖"，给予优秀智库人才充分肯定与鼓励。其工资水平大概在高校教师和商业咨询公司之间，具有竞争力，保障了研究者心无旁骛地做研究。布鲁金斯学会为员工提供教育补助金，员工每财年最多可申请3000美元的教育经费，用于支付研究生课程入学考试费用、证书课程费用、外语培训费用以及其他相关费用。日本综合研究所允许资深员工在大学等社会机构兼职，完善员工带薪休假制度等。

三是设计合理高效的考评制度和退出机制。美国兰德公司的人才考核方式分为内部与外部考核两种，内部考核即研究部门内部开展人才评定，外部考核是兰德公司其他部门或公司之外的人员开展评定，对优秀者予以晋升、加薪等。同时设立逆向淘汰竞争机制，如兰德公司的项目制自主竞争上岗，员工如果找不到足够的工作量，将遭到逆向淘汰，两年内如果都找不到足够工作量，即满足一周40小时工时，将被辞退或被迫离职。

二 美国智库及其人才队伍发展现状

（一）美国智库的历史与现状

智库是公共政策研究分析和参与组织，这类组织就国内和国际问题进行政策导向的研究、分析和咨询，以推广一系列价值观或理念，从而为决策者提供支持并引导公众对公共政策的理解。在美国，智库自1910年出现以来，已经经历了一百多年的发展，目前已经形成了一个拥有2200多家智库[①]的庞大的体系。这些智库包括大学附属智库、政党附属智库、政府附属智库、合同型智库和政策倡导型智库等，种类比较多样。

1. 美国智库的发展状况

美国的智库诞生于20世纪头二十年，最早成立的一批智库包括卡内基国际和平基金会（1910年）、布鲁金斯学会（1916年）、胡佛研究所（1919年）和外交关系委员会（1921年）等。当时这些智库在很大程度上试图与

---

① 2020 Globae Go To Thaik Tank Ladex Report 宾夕法尼亚大学2021年发布的《2020全球智库指数报告》。

政治进程保持分立，致力于维护自己的知识和制度独立性，避免过于直接影响政策决策。美国企业协会（后来的美国企业研究所，AEI）成立于1938年，旨在解决当时政策机构对"左"倾或进步政策过于偏向的状况。然而，即使如此，AEI从一开始就致力于促进自由经济政策，并与政府的运作保持着与同行相同的距离。

第二次世界大战后，这些智库组织在美国的重大外交政策转型上对政府发挥了重要作用。比如，布鲁金斯学会为马歇尔计划的制定做出了贡献；外交关系委员会则于美国在冷战期间的遏制战略的制定方面发挥了作用。鉴于"二战"期间科技在战争中发挥的重要作用，美国陆军航空队（US Army Air Force）意识到对战略问题进行专门政策分析的重要性，于1945年与道格拉斯飞机公司合作建立了兰德项目（Project RAND）。最初，兰德项目并没有明确的目标，直到1946年3月才有了明确的使命。兰德项目被定义为一个持久的科学研究与发展项目，对空战领域展开广泛的科学研究，为空军提供战略战术和设备方面的参考和建议。到1948年，兰德公司与道格拉斯公司分离，成为一家独立的非营利公司，定位于"进一步促进科学、教育和慈善，为美国的公共福利和国家安全"服务，此时，其研究任务远远超出空军应用范围的技术和政策范畴。进入20世纪60年代，类似兰德公司的政府合同型智库也陆续出现。如今，这类智库继续在国家安全、外交、国内教育、福利、科技政策等许多领域提供一系列需求导向研究，其中大部分由美国政府承包。

20世纪80年代以后，随着美国智库行业的竞争越来越激烈，多数智库已经意识到吸引公众和决策者注意力的重要性。由此应运而生的是倡导型智库，这类智库积极开展宣传活动，开展一些重要的研究并参与倡导政策和制定支持其政策方案的宣传活动。例如，受保守派影响，自由派（偏"左"）也建立了一些智库，著名的如美国进步中心[①]（CAP，1989年）。

[①] 美国进步中心的宗旨是通过进步的思想和行动来改善美国人民的生活，研究新政策，推进新思想，预测并引导国民辩论，树立一个进步美国的长期愿景，批评反击保守派的政策主张，并提供有思想深度的替代方案及向美国公众传递进步信息。

不过，无论从数量上还是经费支出上来看，自由派的倡导型智库都远不及保守派多。

随着研究问题和活动的范围的拓展，新的智库也如雨后春笋般出现。根据宾夕法尼亚大学的《2020全球智库指数报告》，1980年以来，美国的智库数量翻了一番，到2020年已经达到了2203家。[①] 这些新组建的智库大多是以特定专业问题研究为基础的专业化智库。

总体来说，美国智库的类型多样，规模各异，立场不同，研究的领域也十分多样化。

美国营业收入最高的10家智库如图4-1所示。

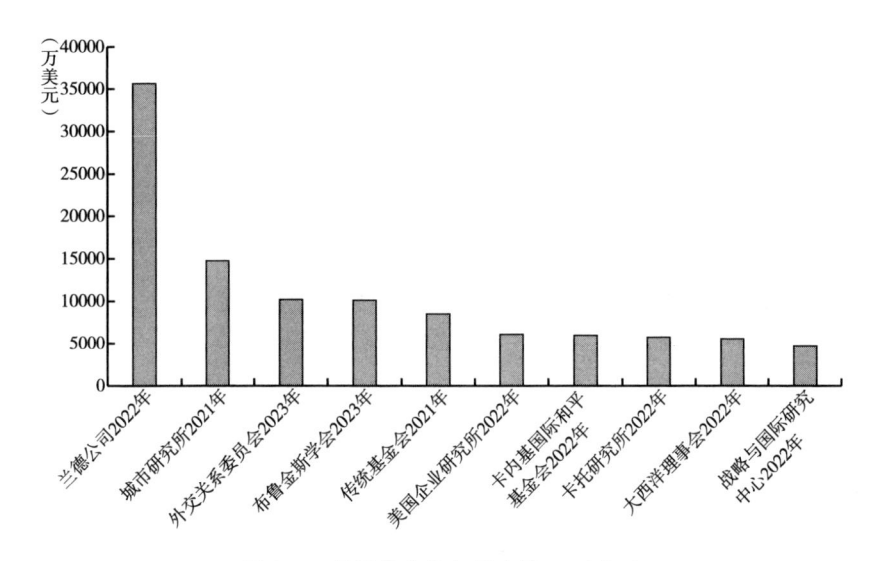

图4-1 美国营业收入最高的10家智库

2. 美国智库的角色

从美国智库一百年来的总体发展进程看，其从事的主要是开发和推广思想的活动，它们投入大量资源营销产品，看起来与企业一样。与企业不同的是，衡量智库成功的标准不是利润，而是它们在塑造公众舆论和推广政策方

[①] 宾夕法尼亚大学2021年发布的《2020全球智库指数报告》。

面的影响力。

从智库的发展演变历程看，政治环境和智库的作用之间有着密切联系。从布鲁金斯学会和兰德公司的模式到传统基金会等倡导型智库，智库承担了新的任务，并迎合和适应不断变化的政治气候。他们不断扩大在公共政策研究行业的作用和影响力，并努力服务于决策群体。

特别是在21世纪，随着政策问题变得越来越复杂，智库已经成为美国政策制定场景中的一个固定装置。当前，美国智库正在扮演着以下几个主要角色：（1）政策理念和思想的来源地；（2）政府的"人才库"；（3）教育与宣传机构；（4）政府政策的评估者；（5）开展非官方外交的机构。①

政策理念和思想的来源地：智库的基本功能是产生有可能促进特定领域改革或变革的想法。它能有效弥合学术界思想（通常学术界的辩论与政府的真正政策困境之间的关系不大）和政府行动（在政府内部，忙于日常政策制定的官员，往往无法后退一步，重新考虑政策的更广泛轨迹）之间的差距。智库通常涉及的任务是探索和推广那些解决问题的方案，对国家面临的新挑战和机遇提供新的见解，并影响决策者对国家利益的看法等。为此，美国智库通常致力于塑造政策偏好和预先了解决策者的喜好，并为此投入大量资源来发展和推广吸引决策者注意力的思想，并依靠出版书籍、发表会议报告，为有影响力的报纸和杂志撰写文章，接受电视和广播节目的采访，通过在网络发表报告、论文、评论，在国会听证会提供证词等渠道获得影响。作为政策理念的源泉，特定的历史时期和危机的突然爆发，始终是对智库公信力的严峻考验。例如，在2008~2009年的金融危机中，布鲁金斯学会的学者们探讨了其原因和后果，并通过源源不断的分析和建议为政府的决策提供了支撑。

政府的"人才库"：在美国，新总统有权在其官僚阵营中任命数百个中级和高级行政职位。智库是填补空缺的稳定人才来源。比如在里根总统的两

---

① Think-Tanks in the United States: The Evolution and Evolving Roles, https://www.davidpublisher.com/Public/uploads/Contribute/57aa8f59777ed.pdf.

个任期内,他曾吸引了来自传统基金会、胡佛研究所和美国企业研究所的150人。智库的政策专家们也希望能够获取政府的高级职位。除了为政府行政部门提供具备专业知识的官员,智库还可以为那些离任的高级行政官员提供有报酬的工作,让他们分享从政府服务中获得的见解,并从一个更超然的立场为政策辩论做出贡献。这种现象被称作"旋转门"现象。在这种政治生态中,智库一方面为政府聚集人才,另一方面与政策制定者建立密切联系,从而蓬勃发展,因此,"旋转门"是一个特别的门,是美国社会力量的源泉。[1]

教育与宣传机构:智库也是教育机构,它们试图让公众了解他们所生活的不断变化的世界、美国的国家利益以及国家面临的新挑战和机遇。美国国会于1960年成立的东西方中心(EWC),堪称美国国家教育机构,旨在制定明智的政策,通过合作学习、培训和研究项目,促进美国、亚洲和太平洋岛屿民众之间的关系和相互理解。

政府政策的评估者:在美国,一项政策颁布后,其实施情况及实施效果将受到国会的监督。智库经常会受国会委托,以独立评估者的身份开展政策运作效率相关的评估。这些评估大多是在合同基础上进行的。例如,当国防部发布新的战略防御指南并决定向亚太地区重新平衡时,众议院军事委员会要求国防部委托一个独立组织来评估太平洋指挥责任区的兵力态势,战略与国际研究中心便是国防部选定的委托机构。

开展非官方外交的机构:智库可以利用其专业性和独立性,通过举办活动、赞助敏感对话或作为冲突各方的中立力量进行思考,直接在外交领域发挥作用。如美国和平研究所(USIP),它是由国会创建的无党派、由联邦政府资助的智库,其主要作用是开展非官方外交,因为和平研究所的专家可以以美国官方无法做到的方式与外交实体进行非官方对话。东西方中心,除教育职能,还承担美国在亚太地区的公共外交职能。成立几十年间,该中心已

---

[1] Think Tanks and U.S. Foreign Policy: A Policy-Maker's Perspective, https://2001-2009.state.gov/s/p/rem/15506.htm.

经形成一个由 6 万多名相关人员和 900 多个合作组织组成的全球网络。相关人员中有许多目前在美国和亚太地区担任领导职务，有政府首脑、内阁成员、大学和非政府组织主席、企业和媒体领导人、教育工作者和知名人士，这些资源是开展非官方外交的一笔巨大财富。

（二）美国智库人才队伍状况

美国智库在人员规模、结构和机构资源方面差异较大。

在管理方面，通常美国智库由总裁或首席执行官领导，他们负责管理组织的日常事务并确保遵循其既定使命。总裁或首席执行官通常由董事会——通常由一些有影响力的前政府官员、学界精英和知名商人组成——挑选，并向董事会负责。除此之外，许多组织的主要项目除设项目负责人，还设有咨询小组或董事会，这些小组或董事也由类似的前官员、学术人员或商人精英组成。对于研究组织而言，能够招徕许多这样有影响力的人物作为他们的董事会成员非常重要，这些人还能帮助它们筹集资金，并确保他们的研究产品以正确的方式获得传播。

当涉及智库人才队伍组建时，各类智库采用的做法不尽相同，但大多数采用了围绕长期聘用的常驻学者构建研究队伍的模式。这些学者通常被称为"常驻研究员"（resident），他们代表了智库中稳定的人员组成。除了常驻研究员，各机构还根据需要采用一部分"非常驻研究员"（nonresident）或"访问研究员"，这类人员通常是根据项目需要临时聘用的，这种模式使智库能够灵活地从外部聘请高水平专家，不断产生新观点和新方法，在保证智库研究成果质量的同时，也能够提高智库的思想创造活力和影响力。此外，智库也经常与兼职研究员建立关系，其中许多人没有报酬，甚至可能无法享受任何实际福利，政府内设型的智库，通常采用更多的兼职研究员——他们通常是来自大学研究机构的知名学者或企业的管理者。

此外，需要指出的是，美国智库的资深学者不像其在大学中的同行那样能够享受终身教职的好处。因此，研究人员在那些经常根据热门问题开展或关闭研究领域的组织中，无法保证长期就业，如果智库削减或压缩了一个项目,与之相关的学者可能就需要离开组织。稳定任期的缺乏是美国智库学者最担忧的问题之一。

通常智库也会招聘许多研究助理、作家、编辑、博主、分析师等帮助研究团队开展工作。所有这些员工的聘请和平衡取决于智库的运营模式和所需要的研究产品的形态。比如,布鲁金斯学会、美国企业研究所、战略与国际研究中心、兰德公司等,它们实力雄厚,影响力卓著,团队稳定,采用的是更传统的智库模式,拥有大量的常驻研究人员。政府隶属型智库外交关系委员会则拥有更大比例的兼职学者。在外交关系委员会获得兼职资格,在某种程度上是一种荣誉,代表了兼职学者进入了美国外交政策精英圈。因此,即使无薪,学者们也会非常高兴地接受这种殊荣。像美国进步中心这样专注于制作新闻、快速分析最新事件的组织,其初级员工或临时性员工的比例非常高。

另外,智库之间的差异也表现在教育背景方面,不同机构拥有博士学位的学者比例差异也非常显著。一项关于智库学者教育背景的公开调查数据表明,在那些成立较早的智库中,如今拥有博士学位的学者的比例往往比年轻机构的比例高。例如,在1960年之前成立的具有代表性的智库中,53%的学者拥有博士学位。在1960~1980年成立的具有类似代表性的智库中,只有23%的学者拥有博士学位。在1980年以后成立的智库中,只有13%的学者拥有博士学位。[1]

1. 布鲁金斯学会的人才队伍

布鲁金斯学会是美国乃至全世界首屈一指的智库。1927年,它由三个总部位于华盛顿的社会科学和公共政策研究组织合并而成。三个组织之一的政府研究所,由批发分销和航运巨头出身的慈善家罗伯特·S. 布鲁金斯(1850~1932年)于1916年创立,因此合并后使用了布鲁金斯学会之名。

学会最初主要致力于研究税收政策的经济影响,在大萧条期间[2],受罗

---

[1] Devaluing the Think-Tank, https://www.nationalaffairs.com/publications/detail/devaluing-the-think-tank.

[2] 大萧条期间,指1929~1933年源于美国的经济危机。

斯福政府（1933~1945年）委托，布鲁金斯学会研究了这场毁灭性经济衰退的根本原因，并提出了补救措施。第二次世界大战后，布鲁金斯学会深入参与制定了帮助欧洲重建的马歇尔计划。多年来，该机构逐渐将其影响力扩大到全球范围。虽然布鲁金斯学会称自己在政治上是"无党派"和"中间派"，但实质上它主要支持民主党。

从研究范畴来看，布鲁金斯学会以研究经济发展政策为主，但同时也对外交政策、全球治理和大都市政策等广泛的问题有着深入的研究。

目前，布鲁金斯学会现任总裁为塞西莉亚·艾琳娜·罗斯（Cecilia Elena Rouse），她是拜登政府白宫经济顾问委员会主席，也是普林斯顿大学公共与国际事务学院院长，劳工经济学专家。布鲁金斯学会的领导团队包括13人组成的管理执行团队和5位成员组成的董事会。其专家团队包括来自世界各地的384名专家，其中包括222名非常驻研究人员。这些专家分布在17个学科中心，这些学科中心分别代表了布鲁金斯的主要研究方向：城市研究、教育政策、东亚政策研究、经济安全与机遇、公共管理、中东政策、可持续发展、技术创新、教育普及、健康政策、市场与监管、社会动力和政策、欧洲与美国政策、中国问题研究、安全·战略与技术研究、财政与货币政策、税收政策。因此，其专家也大部分是经济学、公共政策、教育学、外交学领域的专家。

布鲁金斯学会的文化植根于尊重、包容和参与，除了追求卓越和严谨的知识，布鲁金斯学会非常重视创造一个支持性和协作性的环境，让每个人都有能力做出贡献、学习和成长。无论角色如何，每个人都是布鲁金斯学会不可或缺的一部分，并被鼓励将真实的自我带到工作中。

2.彼得森国际经济研究所的人才队伍

彼得森国际经济研究所是一个独立的非营利、无党派研究组织，致力于通过专家分析和实用的政策解决方案促进全球经济繁荣和人类福利的提升。创始人是皮特·G.彼得森（1926~2018年，Peter G. Peterson），他是黑石集团联合创始人、商务部前部长兼总统国际经济事务助理。亚当·S.波森（Adam S. Posen）自2013年1月起担任彼得森国际经济研究所所长，他曾为

20国集团货币和财政政策等重要政策制定做出贡献。他是最早认真探讨央行独立政治基础并将日本大衰退分析为宏观经济政策失败的经济学家之一。彼得森国际经济研究所的管理职员有73人（其中50人是高级研究员），其中董事会成员有44人，领导执行团队8人，管理人员21人。目前研究所有专家63人，其中33人为非常驻人员，研究人员都有精湛的专业知识，并在政策领域具备经验。研究所的研究方向集中在国际贸易和投资、国际金融和汇率、宏观经济政策和危机应对、全球化和人类福祉以及关键区域经济等方面。研究人员对巴西、中国、欧盟、日本、韩国和中东几个主要经济体有着深入的了解。研究人员中75%拥有博士学位、17%拥有硕士学位、8%拥有学士学位（见图4-2）。从研究人员的学科专业来看，包括经济学、国际政治经济学、国际关系、公共政策、公共管理、数学、金融等。

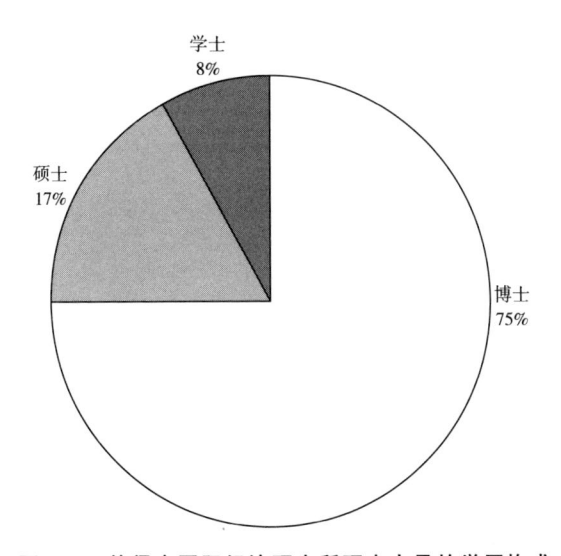

图4-2 彼得森国际经济研究所研究人员的学历构成

3.战略与国际研究中心人才队伍

美国战略与国际研究中心于1962年成立，是现在美国国内规模最大的国际问题研究机构，总部设在华盛顿。该研究中心是一个非党派、非政府的民间国际问题研究机构，政治立场为保守派。自成立以来，战略与国际研究中心一直处于解决棘手的外交政策和国家安全问题的最前沿，目前已经成为世界上最有影响力的公共政策机构之一。美国国会、行政部门、媒体和其他机构等，经常要求战略与国际研究中心解释一些重要事件，并提出改进美国战略的建议。

该中心的现任总裁兼 CEO 是约翰·哈姆雷（John Hamre），在加入该中心之前，他曾担任美国国防部副部长、国防政策委员会主席。管理团队除总裁兼 CEO 以外，有行政高管 8 人，包括财务主管、人力资源主管、外部关系主管、政府事务主管、信息主管、教育事务主管等，此外还有其他管理者 24 人，董事会成员有 40 人。

战略与国际研究中心的常驻专家团队有 92 人，另外有非常驻专家 435 人，他们是前政府官员、企业高管以及学界的杰出人物。

此外由于业务规模庞大，其管理职员和项目助理团队也分别达到了 84 人和 89 人。

4. 卡内基国际和平基金会的人才队伍

卡内基国际和平基金会创建于 1910 年，是美国最早建立的智库之一。除了在华盛顿特区的办事处，该基金会还在贝鲁特、布鲁塞尔和新德里建立了全球中心。卡内基国际和平基金会致力于对全球问题的研究和分析。自基金会成立以来，其学者和专家几乎在每一届政府都有任职。曾担任其董事会成员的著名人物包括前总统德怀特·艾森豪威尔，前国务卿和诺贝尔和平奖获得者埃利胡·鲁特，诺贝尔和平奖获得者尼古拉斯·巴特勒，世界银行前行长兼美国前贸易代表罗伯特·佐利克，世界贸易组织总干事恩戈齐·奥孔乔-伊韦阿拉和商务部前部长彭妮·普里茨克。多年来，卡内基国际和平基金会通过其研究和倡议，为全球合作与繁荣做出了持久贡献：1945 年，基金会前主席詹姆斯·T. 肖特维尔率领顾问代表团参加起草《联合国宪章》的会议；20 世纪 70 年代，基金会制定了一项减少核安全风险的长期议程；2002 年，基金会在评估和帮助制定美国应对 2001 年 9 月 11 日袭击后的恐怖主义威胁政策方面发挥了作用。

现任总裁是 Mariano-Florentino（Tino）Cuéllar，他是卡内基国际和平基

金会的第十任总裁，曾任加州最高法院大法官，他曾在白宫和联邦机构为克林顿和奥巴马两任美国总统服务，并在斯坦福大学担任教员20年，他还是美国国务院外交政策委员会的成员。

执行领导团队包括12人，此外还有4名地区中心领导，董事会成员有44人。专家团队有207人，其中有112人是非常驻研究人员。专家团队中有59.9%的人拥有博士学位，28.5%的人拥有硕士学位，3.9%的人拥有学士学位，其余未知（见图4-3）。[①] 这些专家的研究领域包括核政策、可持续发展、多边合作、全球治理、外交和安全、民权、妇女问题、气候变化、地缘政治等，十分多样化。

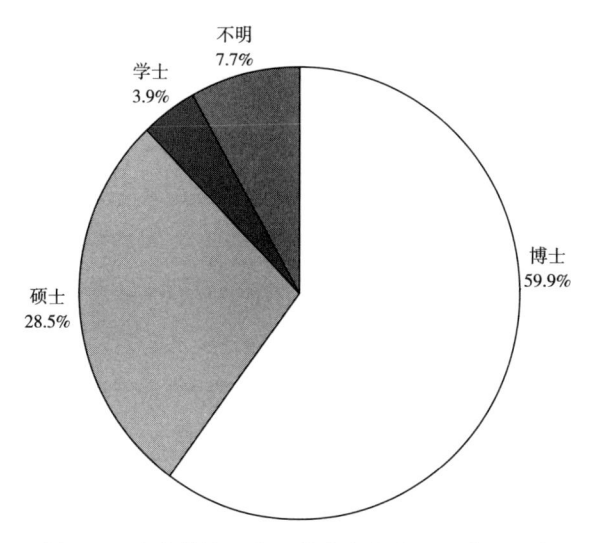

图4-3 卡内基国际和平基金会专家团队学历构成

5. 兰德公司的人才队伍

兰德公司，是从1945年空军与道格拉斯合作的兰德项目发展而来，多年来，在军事技术领域以及其他科技领域做出了多项重要贡献：其在太空系统方面的研究为美国太空计划奠定了基础；其开发的在不确定性下进行决策

---

① 卡内基国际和平基金会官网 https：//carnegieen donment.org/？lang=en。

的理论和工具为军事决策者提供了提高判断决策能力的基础；此外在博弈论、线性和动态规划、数学建模和仿真、网络理论和成本分析方面做出了基础性贡献。兰德公司早期的研究包括太空领域，海外经济、社会和政治事务等。其早期的社会事务研究也构成了对主要社会政策问题的开创性经济分析的核心。兰德公司还开发了规划、编程和预算系统，并于1960年代初在美国政府中得到了推广。

兰德公司的现任总裁兼CEO是杰森·马蒂尼（Jason Matheny）。2022年7月担任该职之前，他在国家安全委员会和科技政策办公室领导白宫的技术和国家安全政策工作。他曾是乔治敦大学安全与新兴技术中心的创始主任和情报高级研究项目主任，负责为美国情报界开发先进技术。他还曾在牛津大学、世界银行、普林斯顿大学工作。他还被评为"外交政策50大全球思想家"之一。

兰德公司的执行领导团队包括25人（包括总裁兼CEO 1人以及总裁办14人，部门高管8人，海外主管2人），董事会成员有17人。目前拥有各种专业和教育背景的研究职员1775人，其中53%（940人）拥有博士学位（包括MD、JD）、40%拥有硕士学位、7%拥有学士学位（见图4-4）。这些

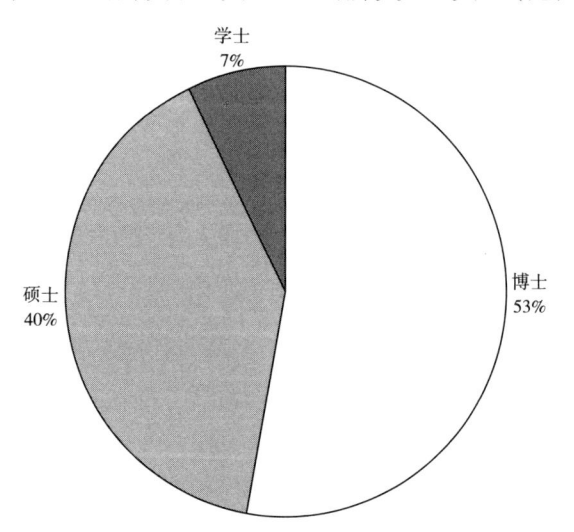

图4-4 兰德公司研究职员的学历情况

研究职员来自55个国家,工作在北美、欧洲和澳大利亚的研究中心;很多研究职员通晓多种语言,如阿拉伯语、波斯语、汉语、韩语、法语、德语、西班牙语、俄语等。研究职员的学科领域也十分广泛,包括政策分析、经济学、社会学、国际关系、工程学、物质科学、政治学、行为科学、数学(运筹、统计)、生命科学、经济法、计算机、艺术和文学等。

(三)美国智库的人才培养情况

1. 帕迪兰德研究生院人才培养情况

位于加州圣莫尼卡的帕迪兰德研究生院成立于1970年,隶属于兰德公司,是公共政策分析最早研究生项目之一。帕迪兰德研究生院的使命是,建设精英公共政策研究生院,培养下一代公共政策领域顶尖人才。帕迪兰德研究生院在1975年获得了美国西部学校与学院教育联盟(Western Associate of Schools and Colleges,WASC)的首次资格认证,之后持续进行更新认证,目前已经获得到2030年的招生资格。50年来,帕迪兰德研究生院将兰德公司的政策实验和方法融入教育培训课程中,为学生提供了卓越、严格、独一无二的教育体验。兰德公司的研究激发了学生论文主题的创新思想,而研究生的工作也为解决这些问题提供了新的方法。

传统的研究生培养通常以单一学科为基础,而政策问题是跨学科的,帕迪兰德研究生院的课程不仅反映了跨学科的优势,同时通过将学术理论与实际工作相结合,以及与兰德公司的研究人员协同工作,颠覆了"先学后用"的传统研究生培养模式。

帕迪兰德研究生院为学生提供全日制2年期的政策分析硕士学位。学习期间,研究生院提供8个单元的核心课程和10个单元的选修课程。研究生院要求硕士生完成150天的在职培训(OJT),作为其2年学位课程的一部分。这种体验式学习机会使学生能够在兰德公司或与外部合作伙伴一起从事现实需求的研究项目。

获得帕迪兰德研究生院的政策分析博士学位平均需要5.1年时间。学习期间,学生需要完成18个单元的核心课程和选修课程的学习,以及300天的在职培训。作为兰德公司多学科项目团队的成员，学生们参与研究和数据分析，同时深入了解分析解决复杂政策问题的方法。这种"边做边学"的方法为学生提供了实践经验，并使他们能够为政策分析领域做出贡献。50余年来，帕迪兰德研究生院培养的博士已经超过400名。

帕迪兰德研究生院每年有25~30名新生入学。他们来自世界各地，教育背景极其多样化。研究生院在招生时，特别看重学生的创造性和批判性思维能力，而不仅仅是GPA和标准化考试成绩。

在学生的培养过程中，帕迪兰德研究生院不仅注重学术能力，更重视学生的逻辑思维、创新能力、沟通技能和项目管理能力。这些能力对于他们未来在政策制定、咨询或研究的各种环境中发挥作用至关重要。

除了这两种学位计划，帕迪兰德研究生院还致力于通过证书课程向广大受众提供政策分析教育。十多年来，其Faculty Leaders Program为来自美国各地机构的专业人员提供身临其境的政策分析实践培训。然后，这些专业人员可以将他们新了解的专业知识带回他们的课堂和机构。此外，帕迪兰德研究生院还与世界各地的机构合作，提供政策分析的短期课程培训。

2. 贝克公共政策研究所的人才培养方案

贝克公共政策研究所（Baker Institute for Public Policy）成立于1993年，位于得克萨斯州休斯敦的莱斯大学（Rice University）内，是美国领先的公共政策智库之一，现任所长是戴维·M.萨特菲尔德（David M. Satterfield），他是一名外交官，曾在黎巴嫩、土耳其以及伊拉克和埃及从事外交工作。

贝克公共政策研究所的使命是：（1）对国内外关键问题进行严格的数据驱动型研究；（2）以基本数据为基础，提供无党派分析，为决策提供支撑；（3）在公共和私营部门领导人之间召集富有成效的讨论；（4）培养下一代政策研究人员和领导者。

目前，贝克公共政策研究所下设6个研究中心，拥有来自世界各地的200多名学术界、私营部门和政府的顶尖专家，这些专家依据研究方向在不同的研究中心之间交叉任职，对关键的外交和国内公共政策话题，包括与经济和金融、能源、卫生和科学、总统选举等相关的问题，开展最高质量的研究和分析。

在人才培养方面,贝克公共政策研究所提供全球事务方向的硕士研究生项目(MGA)和能源经济学方向的硕士研究生项目(NEECON)。全球事务硕士研究生项目由贝克公共政策研究所和莱斯大学社会科学学院共同主办,是一个将全球政策制定的学术教育和实践培训融为一体的全日制两年期非论文专业硕士项目。学生必须在完成至少18个学分后进入实习期,他们需要在各种基于国际或以国际为重点的政府和非政府组织、国际委员会、大使馆、机构或公司实习一学期。这些实习为学生提供了进入国际实体或以国际为重点的实体的宝贵机会,目的是促进他们在这些组织中就业或在寻求其他就业时发展他们的技能和职业支持网络。能源经济学硕士研究生项目是一个为期12个月的全日制专业硕士课程项目,课程由莱斯大学经济系和贝克公共政策研究所能源研究中心(CES)共同开发,旨在培养能源领域的未来领导者和战略思想家。

从2004年起,贝克公共政策研究所还为莱斯大学的本科生提供在华盛顿研究和分析世界公共政策的实践教育[①]。学生可以获得进入华盛顿的政府部门、智库和非政府组织开展政策研究和实习的机会。活动结束后,学生需要根据实习情况撰写研究报告,面向莱斯大学的教师和研究人员进行演讲汇报,并自行组织一次公共教育活动。自2004年以来,已经有191名学生在美国国务院、白宫经济顾问委员会、中东研究所、国家科学基金会、美国进步中心、美国企业研究所等机构实习。许多实习生利用自己的实践研究经验获得了著名的奖学金,包括罗德奖学金、托马斯·J. 沃森奖学金、富布赖特奖学金和瓦格纳奖学金等。

3. 美国智库的内部培训及能力提升计划

除了全日制的教育项目以外,许多美国智库都非常注重其人员的职业发展和能力素养提升,并采取多种措施来促进这一目标,主要的举措如下。

(1)促进跨学科合作。智库会通过举办多种形式的活动来鼓励研究人

---

① 项目名称为 Summer in D. C. Internship Program。

员之间的跨学科合作。这些活动提供平台供不同领域的专家共同探讨、解决问题，并提升个人能力。

（2）研究技能培训。智库组织会经常性开展讲座或培训，帮助研究人员掌握最新的研究工具、方法、数据处理技术等，以提高研究人员的研究技能。

（3）鼓励参与继续教育。一些智库还为研究人员配置了继续教育的经费支持，鼓励研究人员接受新技能、新知识领域的继续教育。

（4）青年人职业素养提升计划。一些智库为年轻研究人员提供职业素养课程，让他们有机会与政府和私营部门的领导人进行交流，拓宽视野。

（5）外部学习交流机会。智库还为运营团队和研究支持人员提供访问和学习的机会，让他们可以定期到其他智库或政府部门进行工作、学习和交流。

以布鲁金斯学会为例，除了为研究人员提供研究和分析的实践机会，还提供政策影响评估和量化分析的高级培训课程以及不定期的公共事件讨论会。促进员工持续学习和成长是布鲁金斯学会工作的基本原则。布鲁金斯学会通过指导计划、培训研讨会等，帮助员工扩展知识、提高技能、为各自领域做出贡献。其全年的学习机会包括以下几项。

年度指导计划：为职业生涯早期和中期员工与职业生涯中期或后期员工提供为期 8 个月的配对指导计划，帮助员工探索职业道路、发展领导力等。

访问数千门线上课程：每位员工都会收到 Linked In Learning 订阅，还可以随时访问布鲁金斯学会开发的培训课程。

提供教育补助金：员工每财年最多可申请 3000 美元的教育经费，用于支付研究生课程入学考试费用、证书课程费用、外语培训费用以及其他相关费用。

讲习班、研讨会等：布鲁金斯学会全年举办讲习班、培训课程等，帮助员工提升能力。

同伴学习：所有员工有机会参加由布鲁金斯学会学者主持的每两周一次的午餐时间对话系列活动，讨论时事以及热门问题。

再以战略与国际研究中心为例,该中心十分注重为研究人员和行政人员提供职业发展路径。中心的大多数职位是混合型的,研究和行政工作可以同时开展。中心还通过 Abshire-Inamori Leadership Academy(AILA)为其员工和实习生提供领导力和外交政策方面的培训机会,促进中心内部人员的成长和协作,使其为未来职业生涯发展和迎接更好的机遇做好准备。每年,大约有 100 名初级和中级工作人员以及 200 名实习生参与 AILA 的多学科项目。从演讲系列和技能建设研讨会到教育活动和文化建设活动,AILA 的项目多种多样,为青年人提供全面的专业发展机会。

除此之外,彼得森国际经济研究所会对研究助理进行宏观经济模型和国际贸易理论的专业培训,并为他们提供与国际顶尖经济学家合作的机会,针对国际经济研究提供研究助理职位和实习生计划,重点培训员工在全球经济体系中发展分析和制定政策的能力。传统基金会则通过 Young Leaders Program 培养保守派的未来领导者。总之,美国智库都非常注重对青年人才的培养,并设立相关的培训计划。

(四)美国智库及其人才队伍发展经验总结

自 1910 年卡内基国际和平基金会成立至今,美国智库已历经百余年的发展史。在这个过程中早已奠定智库在发展政策思想、影响政府政策决策、引导社会舆论、培养决策人才、开展非官方外交等方面的重要地位。不过,今天在两极分化日趋严重的美国政治环境中,公众对智库所谓的权威或客观信息来源越来越持怀疑态度。无论是自愿还是不自愿,智库都不可避免地卷入华盛顿的党派竞争中。因为这与它们能否获得资助、发展壮大有关。过去三十多年中,美国智库经历了数量上的激增,研究问题的专业化程度也越来越高,对各学科和各类人才的需求也越来越多样化,对新媒体和新技术的运用越来越广泛。这与政府及其他部门对智库研究的需求越来越大、政策问题越来越复杂和全球化有着重要关联。今后随着人工智能大模型的发展,将新技术运用于智库问题研究也将指日可待,这可能对智库的未来发展模式、人员结构、规模等都产生重要影响。

三 欧洲智库及其人才队伍发展现状

（一）欧洲智库发展现状与特征

1. 欧洲智库发展概况[①]

在20世纪的最后三十年间，全球智库经历了蓬勃的发展，而欧洲成为这一时期智库增长最为迅猛的地区。据统计，这一时段内欧洲新成立的智库数量占据了其总数的一半，彰显了前所未有的扩张速度。总体而言，欧洲智库的规模和影响力紧随美国之后，位居全球第二，且各成员国的智库依据其独特的国情与专长，展现出多样化的特色和比较优势。

从形成与发展的格局划分，欧洲智库大致可归为西欧与东欧两大板块。西欧作为除美国外智库数量分布最为密集的区域，其重要性不言而喻。在《2020全球智库指数报告》中，世界排名前20的智库中有6家来自欧洲，几乎与美国的7家并驾齐驱，充分体现了欧洲智库在全球舞台上的强劲竞争力和显著地位。

欧洲多数智库与当地政治党派保持着正式的联系，这一特点使得它们相较于其他地区的智库而言，能更直接地与政策制定者对接，形成与政策制定者之间深度互动的优势。更进一步，不少智库正积极拓宽其影响力边界，触及商业圈、媒体界乃至公众领域，旨在吸引更多这些领域的个体参与到公共政策的讨论之中，促进更加广泛和深入的社会对话。

随着欧洲一体化进程的不断深化，专门从事欧洲及欧盟问题研究的智库数量显著增长，其中包括欧盟内部设立的如欧盟安全问题研究所、欧洲亚洲事务研究所以及欧洲政策研究中心等诸多机构。为了更紧密地对接欧盟决策层，及时掌握政策动向并增强自身的话语权，众多欧洲主流智库纷纷选择在欧盟心脏地带布鲁塞尔设立分支或频繁在此举办重要活动。[②]

---

① 本节部分内容来自王辉耀，苗绿《大国智库 2.0》[M]．人民出版社，2023．
② 潘忠岐．欧洲智库的最新发展及其对华研究[J]．现代国际关系，2010（10）．

在《2020全球智库指数报告》中，西欧智库实力突出，前30强中英国独占10席，其中英国皇家国际事务研究所（查塔姆社）（Chatham House）位列第五，英国国际战略研究所（IISS）则排名第八。德国同样表现出色，共有7家智库跻身前30，弗里德里希·艾伯特基金会（FES）和德国康拉德·阿登纳基金会（KAS）分别位居第六和第七（见图4-5）。值得注意的是，比利时布鲁塞尔作为欧盟三大主要机构的所在地，汇聚了两家排名前十的顶级智库——布鲁盖尔研究所（Bruegel）和欧洲政策研究中心（CEPS），布鲁盖尔研究所更是荣登全欧洲榜首。相比之下，法国智库在此次排名中略显逊色，仅3家智库进入前30强名单。

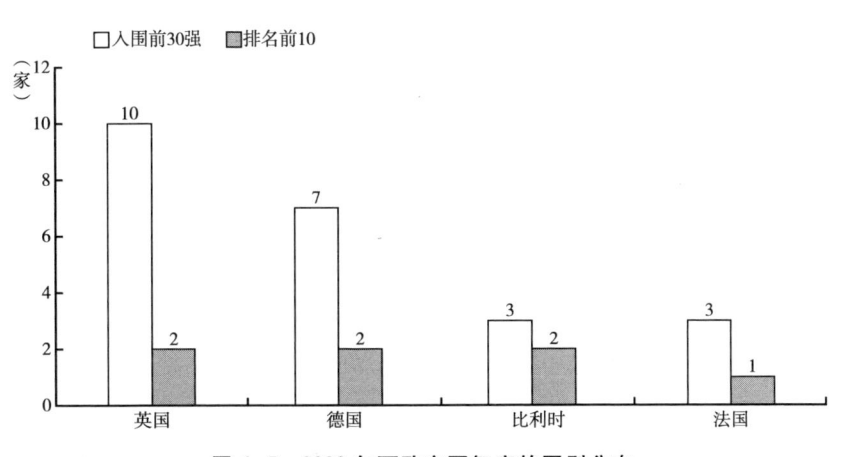

图4-5　2020年西欧主要智库的国别分布

中东欧地区的智库发展相比于西欧较为滞后，主要在过去二十年间兴起并逐步壮大，如今已是该地区政治经济转型不可或缺的一部分。根据自由之屋（Freedom House）出版的《中东欧智库：全面名录》，在列出的101家智库中，有31家机构的名称直接蕴含了"自由市场""自由""民主""市民""改革"等关键词，凸显了它们的导向与定位。总体上，这些诞生于后社会主义时期的智库，更像是实践民主化进程与市场经济改革的实验基地。它们不仅为政策讨论提供了平台，还吸纳了许多中青年学者，其中不乏具备丰富政治经验的人员，共同为区域发展贡献智慧与力量。

相较于西欧，东中欧的智库展现出更强的政策导向特性，这一特点部分源于它们相对较晚地参与到国际交流与合作之中。这些智库得益于西欧、北美及亚洲的资金援助，背后的支持者期望通过这些机构推动该区域内的民主化进程。同时，本地政府亦迫切需要非官方智库的积极参与，以开展更为积极主动、侧重政策导向的研究工作，为正在进行的各项改革提供坚实的理论支撑和实证分析。

时至今日，中东欧地区的智库实力显现出多元化的发展趋势。在《2020全球智库指数报告》中，东中欧排名前30的智库分布广泛，俄罗斯、捷克、斯洛伐克、波兰和塞尔维亚等国都有智库入选。这一分布格局不仅反映了中东欧地区智库发展的活力与多样性，也体现了各国在提升政策研究能力和国际影响力方面所做的努力。

欧洲智库的主体构成主要是各国本土的智库机构。其中，英国以其深厚的学术与研究底蕴占据着显著的领先地位。"二战"后德国的迅猛发展带动了其智库领域的快速发展，逐渐在某些方面赶超英国。法国智库虽然长期以来与英德两国存在一定的差距，但近年来展现出强劲的发展势头，正在积极缩小这一差距。俄罗斯的智库则以其独特性著称，扮演着不可忽视的角色。比利时凭借其地理上的中心位置以及深度参与欧洲一体化的进程的优势，过去十年中其智库发展尤为迅速，成为区域内的一个亮点。此外，北欧国家如瑞典，凭借其在社会福利与可持续发展研究方面的专长，中欧国家如捷克、斯洛伐克，以及东欧的波兰，这些国家的智库也在各自的专注领域内取得了不容小觑的进步与发展，共同丰富了欧洲智库生态的多样性和综合性。

2. 欧洲智库发展特征

欧洲智库的发展显现出独特之处，受惠于其复杂地缘政治、经济联动性及欧盟法律框架，它们大多聚焦于欧盟一体化与欧洲整体发展的研究，为国内外政策制定提供深度分析与策略建议。

运营风格上，在宾夕法尼亚大学2020全球智库排名中，西欧排名前30的与东中欧排名前30的60家智库中，约70%是独立运作的，享有研究方向的完全自主权；10%为类独立智库，受特定利益相关者影响；8%附属于政党，直接服务于政府；7%虽由政府全额资助但保持相对独立；5%则依附于大学，作为政策研究的分支。这显示了欧洲智库在独立性和多样性上的平衡。

欧洲智库研究领域覆盖广泛，尽管不少智库擅长综合性研究，也有机构在特定领域如国防、教育、能源、外交和经济政策上拥有深厚积累。然而近年来，更多专注于人权、可持续发展等细分领域的专业智库涌现，以应对日益复杂的信息环境和政策需求。专业智库如欧洲地中海气候变化中心（CMCC），凭借其专业数据库和深入分析，为欧盟气候政策提供了科学依据，凸显了其在决策支持中的关键作用。

在学术追求上，欧洲智库既注重产出内容的学术严谨性，也强调政策建议的实用性和可实施性。然而，资金来源的转变，尤其是捐赠者偏好的项目导向捐赠，正促使一些智库向更商业化的运营模式转变，这在一定程度上限制了其长期研究项目的自主性。从学术追求来看，部分智库机构对产出内容的学术完整性、客观性有着最高标准要求，希望其出版物能引发学术界对产出内容进行更深入的探讨。而另一部分机构对政策建议的可实施性更为关注，并以结果为导向，将取得阶段性成果作为首要目标。为判断当前政策的有效性并评估其他潜在政策选项的成本和后果，需要对政策现象进行长期的观测。因此，欧洲智库通常长期依赖于国家及区域机构的资金支持，并协助这些单位展开对宏观发展及概念性问题的长期跟踪研究。目前，捐赠者逐渐青睐于以项目为导向提供捐赠，而并非给予无限制捐赠，欧洲智库也面临着资金短缺问题而不再自由地决定长期课题的资源分配，从而在发展趋势上被动地走向了与美国智库类似的、商业氛围更浓的运营模式。

在资金结构上，欧洲智库资金多样，涵盖政府、私人捐赠和项目资助。政府资助确保了与政策的相关性与稳定性，私人捐赠增加了灵活性，而项目资助模式则要求智库更加敏捷，以适应快速变化的政策环境。然而，资金模式的变化也带来了资金短缺的挑战，影响了智库的长期发展规划与独立性。总体而言，欧洲智库在复杂环境中持续进化，力求在学术严谨、政策实践与资金可持续性之间找到最佳平衡点。

（二）欧洲知名智库人才发展情况

本部分主要分析欧洲政策中心、英国皇家国际事务研究所（查塔姆社）、法国国际关系研究所、布鲁盖尔研究所四个智库的发展情况及其组织人才发展情况（见表4-1）。

1. 欧洲政策中心人才发展情况

（1）欧洲政策中心发展情况

欧洲政策中心（European Policy Center）是一个独立运作且具有非营利性质的智库，其核心使命是通过深入分析与开放辩论来推动欧洲一体化进程，助力各级决策者依据翔实的证据与精准分析做出更加明智的政策选择。该中心同时也致力于构建一个包容性平台，确保合作伙伴、各利益相关方及广大公民能积极参与到欧盟政策的制定中，以及就欧洲的未来展开积极讨论。欧洲政策中心成立于1996年，自始便作为一个独立的智库而存在。2003年，它实现了重要的发展部署，转变为一个国际性的非营利组织，尽管成为欧盟委员会的附属机构，但仍保持其独立性，并接受比利时政府的监管指导，这一转变进一步强化了其在欧洲政策讨论与形成中的桥梁和纽带作用。

目前，欧洲政策中心的研究主要有七个项目组，分别是：欧洲政治和机构（European Politics and Institutions）、欧洲移民与多元化（European Migration and Diversity）、欧洲政治经济学（Europe's Political Economy）、欧洲的可持续繁荣（Sustainable Prosperity for Europe）、世界中的欧洲（Europe in the Worid）、欧洲社会与福祉（Europe Social and Well-Bing）以及欧洲跨国合作（Transnationalisation）。[①] 欧洲政策中心的研究核心聚焦于欧洲的关键政策议题，特别是像欧洲移民问题这类兼具敏感性和热度的复杂领域。中心长期密切关注并深入分析欧盟的持续繁荣策略、欧盟成员国在实现联合国

[①] European Policy Centre. Programmes [EB/OL]. [2024-02-20]. https：//www.epc.eu/en/programmes.

第四章 | 国际智库人才队伍发展

表 4-1 欧洲代表性智库概况

名称	成立时间	年度收入	人才分布	研究人员学历分布	主要领域
欧洲政策中心	1996 年	329.76 万欧元（2022 年）	由五个内部运营团队和外部专家团队组成。五个内部团队分别为分析团队（41 人）、活动执行团队（7 人）、管理团队（7 人）、对外传播团队（4 人）和会员服务团队（1 人）；外部专家团队由 55 人组成	24%的分析师最高学历为博士，71%的分析师最高学历为硕士，仅有 5%为学士学位。在拥有博士学位的研究人员中，60%拥有政策分析博士学位，其次为经济学（30%）和国际关系学（10%）	欧盟事务
英国皇家国际事务研究所（查塔姆社）	1919 年	1818 万英镑（2022 年）	共有 13 个研究项目组，其中有非洲项目组 21 人、亚太项目组 8 人、数字社会倡议项目组 4 人、环境与社会研究中心项目组 5 人、欧洲项目组 15 人、全球经济与金融项目组 15 人、全球健康项目组 38 人、国际法项目组 12 人、国际安全项目组 24 人、中东与北非项目组 37 人、俄罗斯与欧亚大陆项目组 29 人、英国项目组 5 人、美国和美洲地区项目组 20 人。管理层主席 4 人，理事会 13 人，执行领导层 7 人，资深顾问小组 27 人，非理事会委员会成员 6 人		经济贸易，国际事务，社会及环境

· 087 ·

续表

名称	成立时间	年度收入	人才分布	研究人员学历分布	主要领域
法国国际关系研究所	1979年	645.71万欧元（2020年）	安全研究中心5人，国防研究单位（LDR）4人，能源研究中心3人，非洲研究中心3人，移民与公民研究中心2人，亚洲研究中心4人，俄罗斯邦/尼斯中心4人，土耳其/中东地区项目2人，法德关系研究委员会（CERFA）4人，北美项目1人，欧洲项目1人，法国—奥地利促进欧洲和睦中心（CFA）1人	44%的研究员拥有的最高学历为博士，30%的研究员最高学历为硕士，其他学位占17%，学士学位占9%	地缘政治、国际事务、能源与气候
布鲁盖尔研究所	2005年	628.13万欧元（2022年）	优先研究课题41人，额外主题63人	56%的研究员拥有的最高学位为硕士，博士学位占41%，学士学位占3%	经济局势和政策

可持续发展目标（SDGs）方面的角色与贡献，以及欧盟各国社会福利体系的均衡发展与协同增进等议题，展现了其深刻且独特的洞察力。秉承推动欧洲一体化的根本目标，欧洲政策中心致力于通过其研究工作，全方位、深层次地为欧洲决策层提供富有可行性的政策建议，旨在促进政策制定的科学性与有效性，为欧洲的未来勾勒出更为坚实稳健的发展蓝图。

欧洲政策中心高度重视研究工作的独立性，并为此采取措施确保其资金结构的多样性。在2022财政年度中，该中心的总收入和总支出均大约为330万欧元，实现了几乎平衡的财务状况，尽管最终出现了约5000欧元的小幅赤字。资金构成方面，2022年最大的资金支柱源自欧盟资助的研究项目及其他政府与企业合作项目，这部分收入占全年总收入的45%，强调了中心在欧洲政策研究领域的官方认可与合作深度。其次，中心23%的收入来自会员费（见图4-6），显示了其在政策研究社群中的广泛支持与参与度。这样的资金分配不仅维护了研究的独立性，也确保了中心能够在多个领域和层面持续产出高质量的政策分析与建议。[①]

（2）欧洲政策中心组织及人才情况

欧洲政策中心管理团队由战略委员会（Strategic Council）、理事会（Governing Board）和大会（General Assembly）组成。战略委员会作为智库的精英集合体，融合了多元背景与国籍的卓越思想家与专家，他们针对欧盟面对的重大挑战，注入创新见解与前瞻视角。战略委员会每年与欧洲政策中心的专家会面一次，共同探讨欧盟的战略优先事项及其对欧洲政策中心工作导向与战略路径的潜在影响。理事会则承担起监管欧洲政策中心运营的重任，手握全面的管理权限，并通过委任首席执行官来执行日常管理职责。首席执行官不仅是中心的法人代表，还需向理事会汇报工作，确保决策的有效实施与组织目标的达成。大会扮演着年度审核与规划的关键角色，每年召集一次会议，依据比利时法律规定，正式审核并批准过往财年的财务报表，同

---

① European Policy Centre. Financing［EB/OL］.［2024-02-20］. https：//www.epc.eu/en/financing.

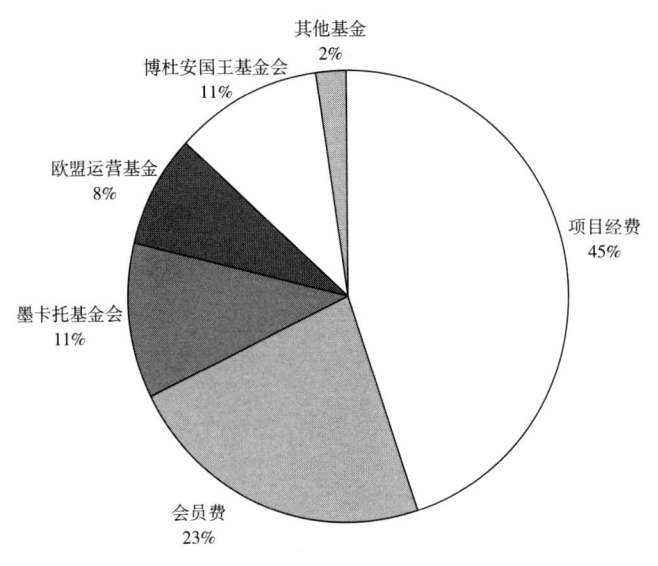

图中数据：
- 项目经费 45%
- 会员费 23%
- 墨卡托基金会 11%
- 欧盟运营基金 8%
- 博杜安国王基金会 11%
- 其他基金 2%

图 4-6 欧洲政策中心 2022 年经费来源

资料来源：欧洲政策中心官网。

时审议通过下一财年的预算方案，确保中心的财务透明度与未来发展计划的合理性。

欧洲政策中心的理事会目前由十位成员构成，其中大多为欧盟及外交领域的退休官员，他们的丰富经验为机构带来了深厚洞察力。自 2013 年起，Fabian Zuleeg 担任该中心的首席执行官，领导着整个团队。Zuleeg 在加入欧洲政策中心之前，在欧洲学术界以经济学家的身份广为人知，他的研究领域广泛覆盖了欧洲经济治理的多个维度，包括欧盟的宏观经济政策、财政策略、劳动力市场的挑战以及产业政策的发展等关键议题。在他的领导下，欧洲政策中心持续为欧洲一体化进程贡献着前沿的政策分析与战略洞察。

欧洲政策中心的架构设计精良，由五个核心内部运营团队与一群精选的外部专家紧密合作构成。这五个内部团队分别专注于不同的职能领域：分析团队（Analysts）、活动执行团队（Events & Administration）、管理团队（Management）、对外传播团队（Communications）和会员服务团队（Membership）。分析团队构成了研究力量的中坚，共计 41 名专业研究人员，他们是中心政策洞察力的源泉,负责推动日常的研究议程。在这一团队中,人才结构呈现高度的专业化与学历多样性:24%的分析人员最高学历为博士,71%的分析人员最高学历为硕士,仅有5%(2位)为学士学位(见图4-7)。在拥有博士学位的分析人员中,政策分析专业的博士占比最高,达到了60%,紧随其后的是经济学博士,占比30%,国际关系学博士则占10%(见图4-8)。活动执行团队确保中心各项活动的顺利进行与日常行政工作的高效运作;管理团队负责全局的策略规划与决策执行;对外传播团队维护中心的公共形象与信息流通;会员服务团队则专注于加强与各会员之间的联系与服务,共同推动欧洲政策中心在政策研究与倡导上的影响力与成效。

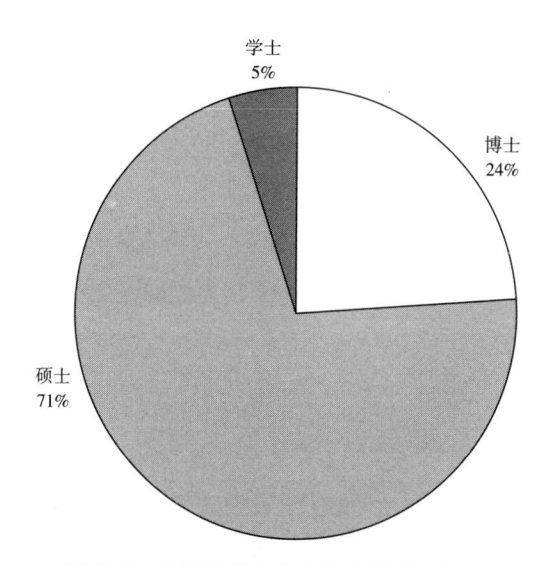

图4-7 欧洲政策中心分析人员学历构成

资料来源:欧洲政策中心官网。

2.英国皇家国际事务研究所人才发展情况

(1)英国皇家国际事务研究所发展情况

英国皇家国际事务研究所,广为人知的名称是查塔姆社(Chatham House),其历史渊源可追溯至英国国防事务研究所,现今不仅是英国最大的智库之一,也是全球最负盛名的国际事务研究机构之一。在2007~

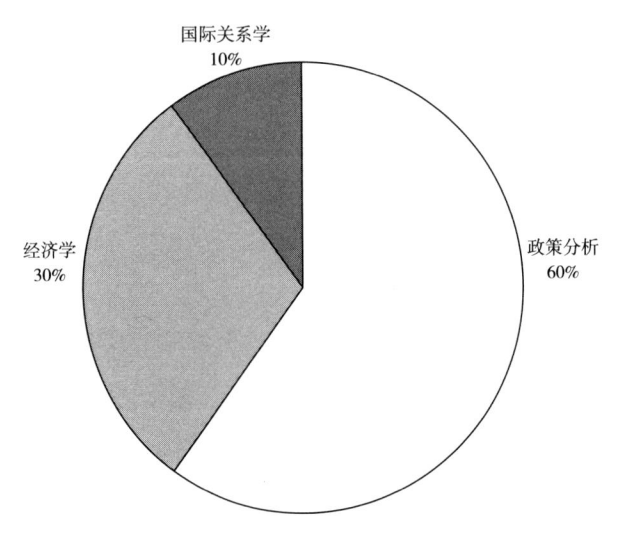

图 4-8 欧洲政策中心拥有博士学位的分析人员的专业构成

资料来源：欧洲政策中心官网。

2011年，根据全球智库指数报告的排名，查塔姆社在非美国智库中高居榜首，尽管在2012年其排名被布鲁盖尔研究所超越，落至第二位，但其影响力依然显著。到了2020年，查塔姆社在西欧智库中的排名为第五位。

查塔姆社的历史可回溯到1920年，它的成立是基于1919年凡尔赛和会期间的深刻反思，彼时人们强烈意识到深入研究国际问题的重要性。基于美英两国代表的共识，英国国防事务研究所应运而生，旨在深化对国际事务的理解与应对策略。次年，该研究所分裂，其中之一演变为了皇家国际事务研究所，即现在所熟知的查塔姆社。1926年，查塔姆社获得了皇家特许证，其办公地点设在充满历史韵味的圣詹姆斯广场的查塔姆大厦，这座建筑曾是三位英国首相的官邸，赋予了查塔姆社浓厚的历史底蕴与权威性。

查塔姆社作为英国首屈一指的国际事务研究机构，不仅与政府机构、企业界、新闻媒介及学术界维持着广泛的联系网络，而且在英国外交政策的制定中扮演着举足轻重的角色，接受英国外交部的指导并对其产生显著影响。其影响力的一个重要体现，就是闻名遐迩的"查塔姆准则"。追溯至 1927 年，查塔姆社确立了一套旨在保护言论自由与促进坦诚交流的会议规则，即"查塔姆准则"。根据这一准则，与会者在会议中自由交流获取的信息时，无须拘泥于透露发言者或参会者的身份及他们所代表的机构。这一规则的巧妙之处在于，它鼓励与会者基于个人立场而非背后机构的立场发言，因为匿名性的保障消除了个人名誉受损的顾虑，从而极大地促进了讨论的开放性和真实性，为自由探索和深入分析国际议题提供了一个安全的空间。英国皇家国际事务研究所研究领域及其相关研究项目如表4-2 所示。

表 4-2 英国皇家国际事务研究所研究领域及其相关研究项目

（截止日期：2023 年 3 月）

研究领域	细分领域
国防和安全	武器控制、毒品和有组织犯罪、欧洲防务、北大西洋公约组织、维和调停、恐怖主义
经济和贸易	金砖国家经济、"一带一路"、循环经济、G7 和 G20、国际金融系统、国际货币基金组织、国际贸易、非洲投资、英国的国际角色、世界贸易组织
环境	农业和食物、循环经济、气候政策、能源转型、自然资源管理
健康	医疗保健的可及性、新冠肺炎疫情应对、健康策略、联合国、世界卫生组织
制度	非盟、欧盟、G7 和 G20、北约、世界货币基金组织、联合国、世界卫生组织、世界贸易组织
大国力量	美国的国际地位、中国的"一带一路"倡议、中国国内政治、中国对外关系、美国国内政策、美国外交政策
政治和法律	民主和政治参与、人口统计和政治、虚假信息、性别和平等、人权和安全、国际犯罪正义、难民和移民、英国的国际地位、美国国内政治
社会	循环经济、文明社会、数字和社会媒体、虚假信息、毒品和有组织犯罪、未来工作、性别和平等、人权和安全、激进化、难民和移民、英国的国际地位
技术	网络安全、数据治理和安全、数字和社交媒体、虚假信息、未来工作、激进化、技术治理

资料来源：https：//www.chathamhouse.org/topics。

作为英国规模最大的国际问题研究中心之一，查塔姆社在2022～2023年度的财务报告显示，其总收入约为2010万英镑，而同期的总支出则达到了2094万英镑，导致年度净亏损约84万英镑。该机构的经济支柱多元，主要包括基金会的捐赠、企业的慷慨赞助、会员缴纳的会费、参与政府资助项目所得，以及来自非政府组织和国际组织项目的收入（见图4-9）。此外，查塔姆社还通过审慎投资策略获得额外的收入来进一步巩固其财务基础并支持其研究与活动的持续开展。

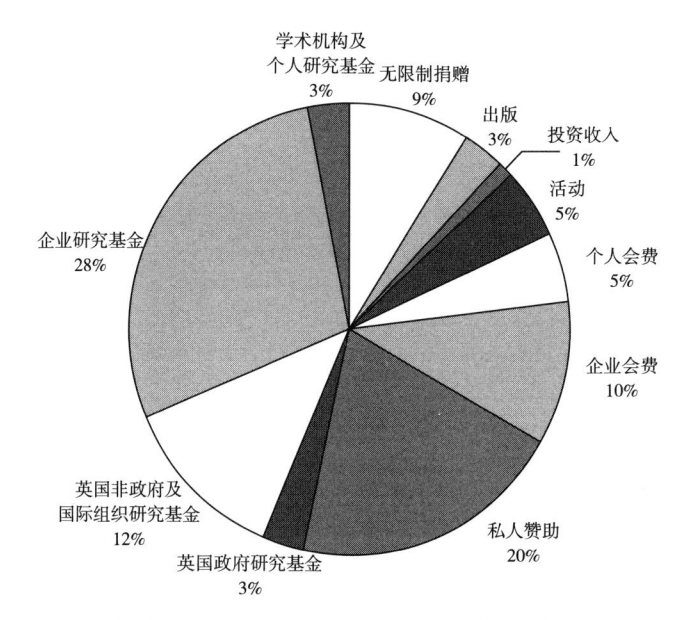

图4-9 2022～2023财年查塔姆社的经费来源

资料来源：英国皇家国际事务研究所官网。

（2）英国皇家国际事务研究所组织及人才情况

查塔姆社的组织治理结构主要包括：主席、理事会、行政领导、高级顾问委员会、青年顾问委员会和会员六部分。为保证独立性，研究所的主席设有3个席位，人选分别来自英国议会的三大党。理事会从会员中择优选出，任期三年，并可连任一届，目前有12位理事会成员。其下设三个委员会，分别是：执行委员会、财政委员会和投资委员会。高级顾问委员会和青年顾问委员会是查塔姆社的高端外部智力支持单位,也是建言献策的重要渠道部门。其委员对查塔姆社的研究和政策建议提供咨询,并将其观点在最高层次传递出去。

截至 2024 年 2 月,查塔姆社的团队规模已逾 200 名员工,其中研究人员展现出了跨领域的广泛才能,擅长在多样化的议题上发挥专长。[①] 针对近年来全球局势的变化,特别是亚太等新兴区域国家的迅速崛起以及国际安全环境的不断波动,查塔姆社针对性地增强了在国际多边事务、全球健康等研究领域的团队配置。目前,查塔姆社依据不同的研究领域设立了 13 个专项研究项目,并配置了相应的专业人员,具体分布如下。

非洲研究团队有 21 名成员;

亚太研究团队包含 8 名成员;

欧洲研究团队有 4 位专家;

中东及北非研究团队汇聚了 37 位研究人员;

俄罗斯及欧亚大陆研究团队由 29 人组成;

英国研究团队较小,有 5 名成员;

美国及美洲研究项目拥有 20 位专家;

数字社会倡议项目团队包括 4 人;

环境与社会研究中心有 4 名成员;

全球经济和金融研究领域配置了 15 位专家;

全球健康项目组规模较大,共有 38 人;

国际法项目组有 12 位法律专家;

国际安全项目则有 24 名专业研究人员(见图 4-10)。

这些数据反映了查塔姆社对全球关键议题的全面覆盖与深入研究,以及对新兴挑战和变化的积极响应。

(3) 英国皇家国际事务研究所的人才培养项目

查塔姆社创立了"伊丽莎白二世女王国际事务领导学院"(Queen Elizabeth II Academy for Leadership in International Affairs),这一学院旨在为

---

① 王佩亨,李国强等. 海外智库 [M]. 中国财政经济出版社,2014.

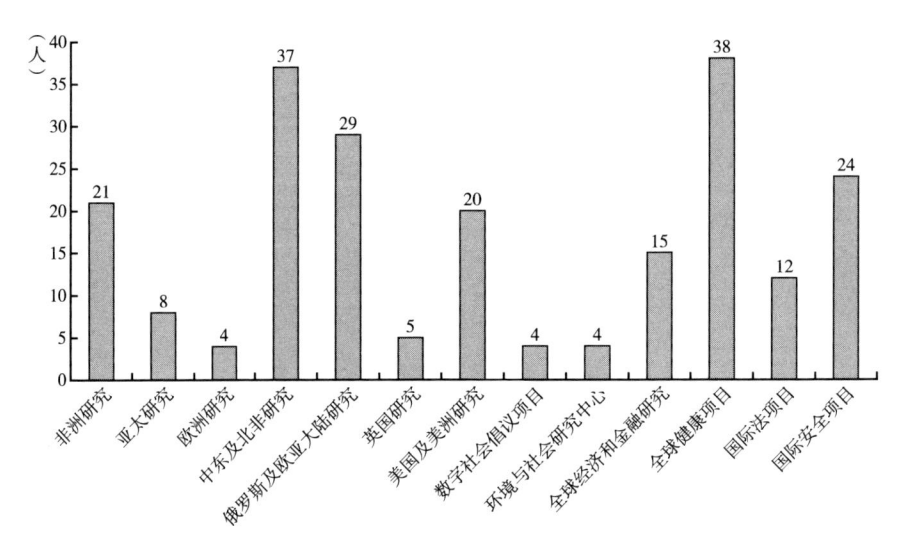

图 4-10　查塔姆社研究人员数量分布

资料来源：https://www.chathamhouse.org/about-us/our-departments。

来自商业界、非政府组织、政府部门、学术界、媒体以及民间社会的杰出人才提供一个卓越的培养平台。学院每年举办多项项目，针对职业生涯初期及中期的专业人士，特别是那些投身于政治事务与全球治理领域的人士，提供6~10个进修名额。入选者将有机会在查塔姆社这一世界顶尖的政策研究机构参与长达10个月的研究，以此加深对国际事务的理解，提升领导力，并与查塔姆社的顶尖专家进行深度交流。

该项目精心设计，旨在全面提升学员以下四个方面的能力。

①知识深化：深入了解政策挑战的本质，并掌握通过严谨研究来解决这些挑战的方法。

②技能培养：通过参与研讨会和专业培训，掌握领导力所需的实用技能。

③人际网络扩展：与全球顶尖的专家共事，构建宝贵的业界联系，为未来合作奠定基础。

④自我认知与表达能力提升：通过个性化辅导、媒体培训和公开演讲机会，增强自信，优化沟通与演讲技巧，提升个人影响力。

总的来说,该学院的目标是培养一批具备深厚专业知识、强大领导力、广泛人脉网络及出色沟通能力的国际事务领导者,为全球治理的未来贡献力量。

整个进修项目精心设计为三个核心组成部分:20%的时间分配给参与查塔姆社现有研究项目,深化实践经验;30%的时间专注于个人领导力技能的提升;剩下的50%则用于独立研究项目,鼓励学员深入探索个人感兴趣的国际事务议题。项目启动之初,学员将接受一周的综合入职培训,旨在全面了解即将参与的研究项目的概况,并通过个人发展规划指导,为后续学习奠定坚实基础。

培养方案具体包含以下几方面。

——参与查塔姆社核心活动:每周参与或主导由查塔姆社专家主持的国际事务挑战研讨会,实时跟进并讨论全球热点问题。

——高级全球事务访问计划:每两个月安排一次,让学员与来自外交、政府、金融及媒体等领域的高层领导者面对面交流,往期访问机构包括英国外交部、英国国际发展部、渣打银行及汤森路透等。

——周期性领导力研讨会:每两月一次,聚焦特定领导力主题,如"新角色下的领导策略"与"激发创新与创业精神",以实战演练强化领导技能。

——定制化个人发展辅导:定期进行,确保每位学员能与研究所专家一对一深入交流,提供个性化学员的职业发展路径辅导。

——"21世纪领导力"早餐简报会:定期邀请政府、企业、媒体和非营利界的领军人物分享领导经验,提供非正式场合下的学习与交流机会。

——媒体技能培训:专为提升学员的媒体应对能力而设,通过模拟电视和广播采访,传授有效沟通技巧,并针对每位学员的表现给予个性化反馈,助力其风格塑造与技能完善。

全面且深入的培养体系旨在全方位打造未来的国际事务领导者,不仅加深其对全球挑战的理解,更在实践中锤炼其领导力与专业素养。

所有入选该进修项目的学员将享受财务补助,并能够充分利用查塔姆社丰富的资源库进行学习与研究。在顺利完成个人研究项目后,学员将被授予学院准研究员的荣誉头衔,并有机会将其研究成果发表于查塔姆社的各种出版物、简报、播客等平台上,借此扩大影响力并提升个人学术或专业声誉。

自项目启动至 2022 年底,已有来自全球 25 个国家的总计 61 名优秀人才受益于这一项目,且每年持续开放 10 个名额继续吸引着全球的申请者。

3. 法国国际关系研究所(IFRI)人才发展情况

(1)法国国际关系研究所发展情况

自 20 世纪 70 年代以来,法国的智库进入了快速发展期。在这个进程中,法国的外交政策研究很大程度上被整合进了政府体系框架内,主要由政治领导者和各政党引领推进。相应地,法国外交部承担起了对国际事务和战略研究的重任,成为该领域的核心机构。进入 20 世纪末,随着冷战的终结,尤其是"9·11"事件的爆发,全球政治格局经历了深刻的变革。对此,法国的政界与学界精英达成共识,认为面对瞬息万变的世界局势,法国亟须全面审视并分析新时代的趋势,从而制定出既能维护国家安全利益又能有效调度国家各种资源以实现国家长远目标的安全战略。在此背景下,法国智库的发展步伐显著加快,不仅数量急剧增加,而且在研究的深度和广度上都有了质的飞跃。

法国国际关系研究所是法国智库中历史最为悠久、影响力最大的智库。[1] 研究所于 1979 年在法国"外交政策研究中心"的基础上改组而成。该研究所秉持的核心宗旨,在于建设一个针对当前国际社会所面临的重大议题开展深入、独立且高质量研究的跨越国界的交流平台,这一平台旨在激发研究人员、分析专家与政策决策者之间的建设性对话,从而为全球挑战提供洞见与解决方案。

2020 年法国国际关系研究所的运营资金为 645.71 万欧元,而同年运营成本为 640.23 万欧元,实现了约 5 万欧元的盈余。资金来源方面,该研究所的资金构成呈现多样化特征,其中私营部门贡献了 78%,这部分资金主要来源于为企业及相关私有机构提供的咨询与专题研究报告服务。另外 22% 的资金则来源于政府补助,补助主体为法国政府,辅以欧盟的少量资助,这样的资金结构保障了研究所的独立运作与研究项目的顺利开展(见图 4-11)。

---

[1] 应强. 法国智库要重新发力誓言再铸法兰西世界影响力[J]. 瞭望,2010(09).

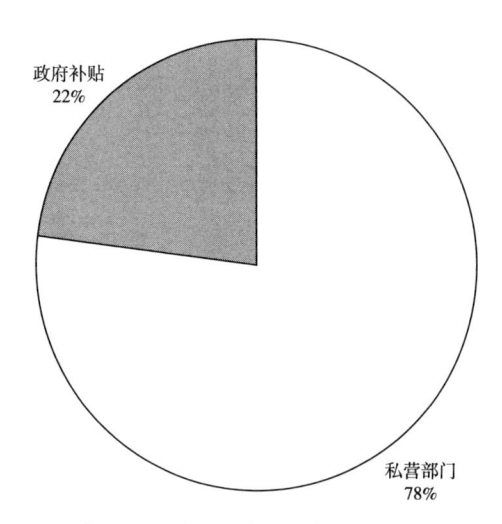

图 4-11　法国国际关系研究所运营经费来源（2020年）

资料来源：法国国际关系研究所2020年年报。

法国国际关系研究所的活动紧密围绕两大核心主题展开：一是深入探讨国际关系的地区研究，二是前沿新兴学科的探索与分析（见表4-3）。在地区研究这一主轴下，研究所主要细分为撒哈拉以南非洲、德国、北美、亚洲、欧洲、中东/北非、俄罗斯/独联体、土耳其八个方向的研究。在学科研究方面，研究所侧重经济、能源和气候、太空、技术的地缘政治竞争、移民和公民权、健康、安全和防务等方面。这些研究方向共同构成了研究所全面且深入的全球视角。

（2）法国国际关系研究所组织及人才情况

法国国际关系研究所现已发展成为一个完全独立的机构，不再隶属于任何政府组织，并且其理事会的构成排除了政府官员的参与，以确保其研究与分析的独立性与客观性。研究所的运营管理由一个高效的董事会全权负责，该董事会成员每三年通过董事大会的投票程序重新选举产生，并确保每年至少召开四次例行会议，以指导研究所的方向与策略。董事会的领导结构包括一位会长与两位副会长，目前共有16位成员参与决策。

表 4-3　法国国际关系研究所的研究方向及内容

领域	研究方向	主要研究内容
地区研究	撒哈拉以南非洲	中非和南非观察、非洲国家的选举、治理和变化、国际场景下的非洲、安全问题、非洲的社会经济变化、非洲的能源挑战
	德国	法德未来对话、德国国内政治、丹尼尔·韦尔内集团、世界舞台上的德国
	北美	美国、加拿大
	亚洲	东南亚、中国、印度与南亚、日本、朝鲜半岛
	欧洲	法奥关系、欧洲体制、经济、安全等
	中东/北非	新南方政策,中东/北非地区的政治、社会和经济
	俄罗斯/独联体	俄罗斯经济和社会、新独立国家、俄罗斯能源政策、俄罗斯安全和外交政策、俄罗斯国内政治等
	土耳其	法土关系、土耳其观察
学科研究	经济	全球经济系统的改变、治理和系统、不同经济区域的贸易和动态
	能源和气候	化石燃料的地缘政治、欧洲电力系统分析、欧洲能源政策、欧洲气候政策和能源转移
	太空	欧洲太空治理倡议
	技术的地缘政治竞争	新技术能源、主权、治理、社会
	移民和公民权	公民权、本土主义和归属感、欧洲移民政策、移民和政治庇护观察
	健康	传染病动态、卫生系统的防疫能力,政府、国际组织和非政府组织的角色
	安全和防务	核威慑与核扩散、防务研究、未来争端研究、欧洲战略自主、法国国土安全防御

资料来源：法国国际关系研究所官网。

此外，研究所特别设立了战略发展委员会，该委员会在所长的领导下工作，专注于确定研究的重点领域与方向，并对研究产出进行严谨的评估，以保证研究的质量与前瞻性。战略发展委员会汇聚了国内外顶尖学术与科研机构的精英，形成了一支由 80 名杰出研究人员组成的强大团队，他们共同努力，推动着该所在国际关系领域的深入探索与创新思考。

法国国际关系研究所分为四个核心部门：研究部、出版部、战略发展部与秘书处。研究部专注于多领域的深入探索，配备超过 30 名常驻研究员及大约 50 人的辅助研究团队，这些专家不仅在主要国际网络中活跃，还广泛参与实地调研和国际交流，为研究工作带来丰富的一手资料和国际视野。

在人才构成上，该研究所的研究团队学历层次分明：44%的研究员持有博士学位，其中政治科学领域的博士占比最高；30%拥有硕士学位；其余则为其他学位持有者（17%）和学士学位获得者（9%）（见图 4-12）。在博士研究员中，除了政治科学的比重显著，达 46%，国际关系（20%）和经济学（17%）领域的博士也占有重要位置（见图 4-13），体现了研究团队在社会科学领域的广泛而深入的专业覆盖。

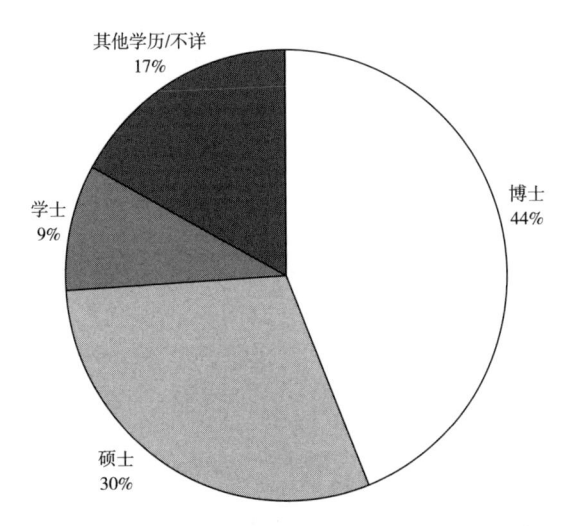

图 4-12 法国国际关系研究所研究人员学历分布

出版部负责将研究成果编辑、归档并推广发行，确保知识的传播与留存。战略发展部则致力于维护与拓展外部合作关系及外交网络，强化研究所的国际影响力。秘书处则承担起所有行政与财务管理职责，确保机构顺畅运行。这一系列分工明确、协同合作的团队架构，共同推动着法国国际关系研究所在全球知识生产和政策建议领域持续贡献其智慧与力量。

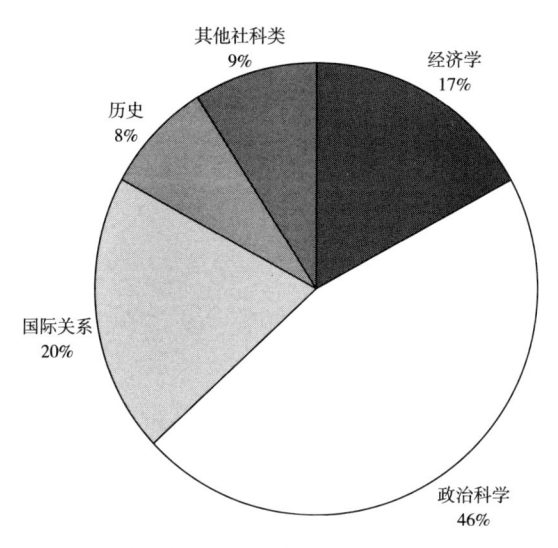

图 4-13　法国国际关系研究所拥有博士学位的研究人员所学专业分布

4. 布鲁盖尔研究所人才发展情况

（1）布鲁盖尔研究所发展情况

布鲁盖尔（Bruegel）研究所是欧洲国际经济学领域的顶尖智库，2005年上半年在布鲁塞尔成立，旨在通过开放的、以事实为基础的，并与政策密切相关的研究、分析与讨论，提升欧洲的经济政策决策水平。很多欧盟国家政府和跨国大公司都是其会员，政府会员包括奥地利、比利时、丹麦、芬兰、爱尔兰和英国，公司会员包括微软、德意志银行、高盛、谷歌和三星电子等。这些成员背景的多样性进一步巩固了布鲁盖尔研究所在推动欧洲乃至全球经济政策对话中的中心地位和影响力。

2008年，布鲁盖尔研究所被评为全球发展最快的智库，在2012年西欧智库排名中，布鲁盖尔研究所更是一举夺魁，成为欧洲影响力最大的智库。在此后的西欧智库排名中，布鲁盖尔研究所长期在榜单的前几名中拥有一席之地。

布鲁盖尔研究所能在短时间内迅速崛起，原因主要有两方面。首先是其得天独厚的地理位置——坐落于欧洲心脏地带比利时的布鲁塞尔，这一位置使研究所能够近距离接触欧洲事务的核心,便于获取最新政策动态和一手信息。同时,布鲁塞尔作为欧洲的外交与政治枢纽,为布鲁盖尔研究所提供了与全球及欧洲关键决策者建立联系的独特优势,并为其研究成果的传播赢得了广泛的媒体关注与曝光机会,形成了"地利"条件。其次是其在运营模式上的创新与灵活的策略。该智库在治理结构和资金筹集机制上实现了公私合作的均衡,有效结合政府资助与私人捐赠,既保证了研究的独立性和客观性,又确保了资金来源的多元化与稳定性。通过借鉴并优化其他领先智库的运作经验,布鲁盖尔研究所走出了自己独特的道路,促进了其在短时期内的快速发展与影响力扩大。

更重要的是,布鲁盖尔研究所顺应了全球化和欧洲一体化的趋势,自成立伊始就采用了一条泛欧洲的发展途径,其成员来自包括很多非欧盟国家的整个欧洲。相比传统欧洲智库,其起点更高,视野更广阔,根基更扎实。欧洲一体化本来为欧洲智库的发展壮大提供了很好的条件,而很多智库却没能很好地利用这一条件,依然把研究集中在本国的一些领域,这就在很大程度上制约了其思想的进步和发展,布鲁盖尔研究所则很好地摒弃了这一点,其积极利用自身优势充实壮大了自己。它既重视对欧盟事务的研究与对话,也关注各个单一国家所面临的政策责任,同时积极与欧洲及欧洲以外的各种各样的参与者建立工作关系。作为一个开放的经济体和世界经济的主要参与者,欧盟必须丰富其政策讨论,积极与其他国际经济的参与者展开政策探讨,但这些讨论通常被内向型政策偏见阻碍。布鲁盖尔研究所为人们提供了分析欧洲事务的全球视角及分析全球事务的欧洲视角,加强了人们对全球化背景下欧洲所面临的经济挑战和所担负的全球责任的理解。

布鲁盖尔研究所在 2021~2022 财年中总收入约为 628 万欧元,使用经费约 653 万欧元,亏损约 25 万欧元。该研究所的运作资金主要依赖于会费收入,这部分贡献了总收入的 79%(见图 4-14),展示出其成员基础的稳固与支持力度。此外,另一重要资金来源则是欧洲机构针对特定研究课题所提供的专项资助,这体现了布鲁盖尔研究所在欧盟政策研究领域的影响力和受认可程度。为了确保研究工作的独立性以及在经济周期变动中的资金稳定，布鲁盖尔研究所采取了一系列策略，致力于构建一个包含多元利益相关者的支持体系。尤为重要的是，该研究所对捐赠额度实施了严格的限制政策，规定任何国家政府的捐助不得超过年度预算的4%，企业捐助则不超过1%，这一举措有效避免了单一资金来源可能带来的偏见风险，维护了研究分析的公正性和客观性，进一步巩固了其作为顶尖智库的信誉与独立地位。

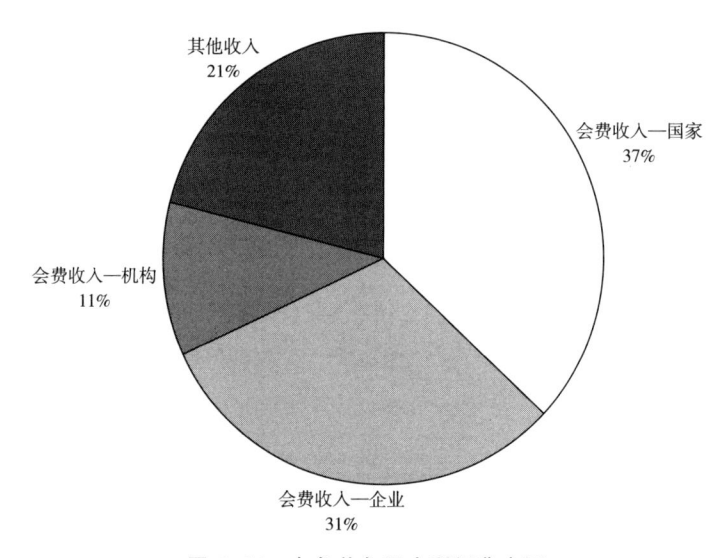

图4-14 布鲁盖尔研究所经费来源

- 其他收入 21%
- 会费收入—国家 37%
- 会费收入—企业 31%
- 会费收入—机构 11%

随着布鲁盖尔研究所的迅速崛起，它在欧洲事务中表现得越来越活跃，特别是在涉及欧洲经济、欧盟机制、欧元区改革等重大问题上，开始掌握了一定的话语权。在2009年《里斯本条约》生效前夕，布鲁盖尔研究所增设"新委员会备忘录"项目，出版政策报告《2010-2015年欧洲经济的优先议程：新委员会备忘录》，结果在第一时间成功地影响了欧盟新机制的决策。2011年12月9日，欧元区领导人为达成欧元区主权债务和银行问题的全面解决方案再次会晤，但仍未能提振市场信心。布鲁盖尔研究所的一名高级研究员就此撰文，深刻分析了导致当前危机久拖不决的根源，针对性地指出了欧元区存在的十大根深蒂固的问题，为危机的解决提供了全新的视角，在整个欧洲社会引起了巨大反响。①

（2）布鲁盖尔研究所组织及人才情况

布鲁盖尔研究所智库团队汇聚了两大核心力量：一是拥有丰富经济决策实践经验的实践者，他们将实际操作中的深刻洞察融入研究；二是专注于政策领域、长年处于理论研究前沿的专家学者。管理团队的构成体现了研究人员广泛的经验与深厚及多样的学术背景，确保了研究所决策的全面性与前瞻性。领导这一团队的委员会，其成员选拔自主要股东，不仅具备深厚的行业积淀，还展现了多领域的专业能力。该委员会肩负着重要职责，包括制定战略工作规划、确立具有前瞻性的研究项目并审慎分配研究经费、在综合评估的基础上任命合适的运营负责人，以引领布鲁盖尔研究所的前进方向。

在运营管理上，布鲁盖尔研究所采取了一种内外兼顾的策略。对内，注重团队协作与内部关系的和谐，确保研究与日常工作高效运转；对外，积极拓展与社会各界的互动与合作网络，不限于巩固与欧洲各智库的关系，还努力与全球范围内的一流研究机构建立合作，通过这种广泛合作，不断拓宽研究视野，提升研究质量与影响力。② 布鲁盖尔研究所的研究团队以其敢于挑战固有观念、积极探索新颖视角而著称，同时，他们注重研究的相关性、实用可行性，确保研究者的独立见解不受传统学术框架的过度影响，从而保持观点的鲜明性和原创性。团队致力于通过严谨的科学研究方法，独立开展深入分析，积极开展与其他顶尖研究机构的协作项目，旨在对经济改革进行全面而深入的评估，细致剖析政策选项，并据此提出具有前瞻性和实操价值的政策建议，从而为决策者提供有力的智力支持与策略指引。

布鲁盖尔研究所聚焦于当前经济领域的关键议题与挑战，设立了七大核心研究方向，涵盖银行业与资本市场的深入分析、数字经济的前沿探索、劳动力市场、技能培养与公共卫生、全球经济及贸易政策的研判、能源与气候

---

① 欧洲知名智库布鲁盖尔研究所总结欧元危机的十大根源．亚太财经与发展中心，2012-01-12. http：//www.mof.gov.cn/preview/ytcj/pdlb/yjcg/201201/t20120117_623727.html.

② See Asia Europe Economic Forum，"European and Asia Perspectives on Global Balance"，2006, pp. 13-14.

政策的创新思路，以及宏观经济策略与治理机制的优化。

在人才队伍建设方面，布鲁盖尔研究所拥有一个由32位常驻研究人员组成的高水平团队。其中，56%的研究人员拥有硕士学位，41%拥有博士学位，剩余3%则拥有学士学位（见图4-15）。在这些高学历人才中，经济学背景的学者占比最高，达到了60%，奠定了研究所深厚的经济学研究基础；其次是政治科学领域，占比20%；数学领域的学者约占8%（见图4-16）。这一学术背景组合从侧面反映了布鲁盖尔研究所将数学工具引入经济及政治科学的独特视角。

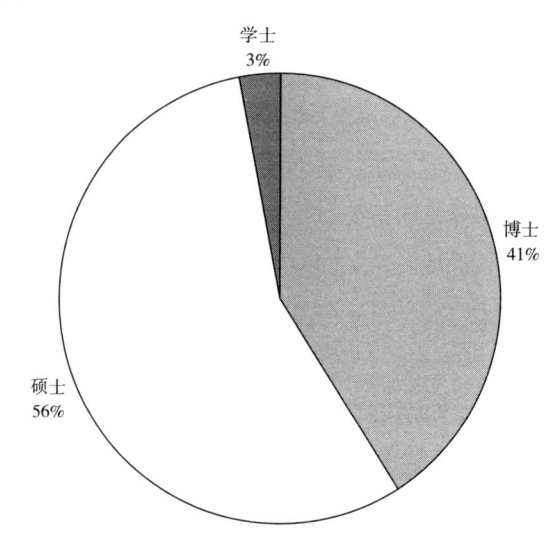

图4-15 布鲁盖尔研究所研究人员学历分布

资料来源：布鲁盖尔研究所官网。

5. 欧洲智库人才发展特征

欧洲智库在人才发展方面展现出独特而高效的特征，这些特征不仅体现在其组织架构与人员配置上，还深深植根于其国际化的人才网络与深厚的学术背景之中，共同塑造了欧洲智库在政策研究领域的卓越影响力。

（1）组织结构精细便于开展跨学科合作

欧洲智库的组织结构精细，通过设立多个专业研究项目组，实现了对特定政策领域的深度聚焦。这种细分不仅促进了专业知识的集中和研究资源的

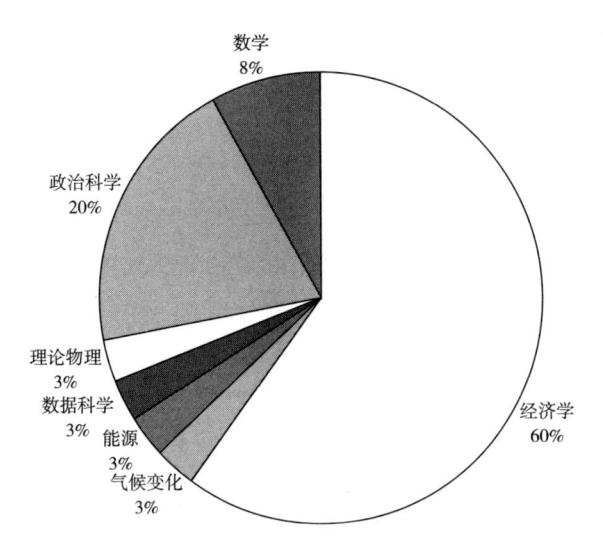

图 4-16 布鲁盖尔研究所研究人员最高学历所学专业分布

高效利用,还鼓励了跨学科合作,不同项目组间的互动有助于综合不同学科的视角和方法,增强了智库整体的创新能力与研究广度。例如,从欧洲政治研究到移民问题,再到经济政策和国际合作,各项目组的专业互补,帮助智库深入且全面地探讨复杂的政策问题,确保了政策建议的全面性和精准性。各项目组之间的互动和协作,也扩大了智库人才的成长空间,增强了智库的研究能力和影响力。

(2) 人员架构兼具多元化与专业化

智库的人才架构是其核心竞争力的重要组成部分。全职研究人员与高级外部顾问的组合,为智库研究奠定了深度与广度。全职研究人员负责系统性的课题跟踪和深入研究,他们通常由具有高水平和丰富实践经验的专家组成,他们不仅在各自领域内拥有深厚知识,还在政策实践方面积累了宝贵经验。外部顾问则为智库提供战略洞察和宣传支持。他们通常是相关领域的知名专家或资深从业者,能够为智库的研究提供宝贵的视角和见解。这些顾问不仅在研究方向上提供指导,还在智库的对外宣传和影响力扩展方面发挥重要作用。得益于完善的治理体系及多元化的资金支持,在欧洲的独立型智库对其产出内容的学术完整性有着严格的要求,并高度强调其研究员观点的独立性。

(3) 严格选拔高级研究员并给予相应提升空间

欧洲智库高级研究员的选拔标准严格,通常要求拥有博士学位及多年研究经验,部分人员同时在学术机构担任教职,这不仅增强了研究团队的学术底蕴,也促进了理论与实践的结合。由于机构的非营利性质,多数欧洲智库的预算紧张,仅雇用一定数量的全职研究人员。因为在岗人员流动率低,空缺研究岗位少,多数研究人员的入职点是在博士毕业后或从博士后研究期担任研究助理或初级研究员开始。为保证研究内容的可实践意义,部分研究机构也会接受有相关研究经历的硕士学位候选人。高级研究员通常为博士、博士后级别并有多年研究经历的研究员。

一些具备杰出专业能力的专家会因其在特定领域的贡献而被授予高级荣誉或职位,进一步强化了智库在特定政策领域的权威性和影响力。一些人员同时也在大学中担任副教授等教学职能。这些研究员逐渐成长为高级研究员,或由于他们在国家甚至国际层面指定领域的杰出专业能力而被授予会士身份。

(4) 开展广泛合作,构建国际化人才网络

智库还通过广泛的国际合作和交流,建立起庞大而多样化的人才网络。研究人员和顾问们经常参加国际会议、研讨会和学术交流活动,与全球顶尖的学者和政策制定者进行互动和合作,构建起一个庞大且多元的人才生态系统。这种国际化的合作模式,不仅提升了智库的研究质量和国际影响力,更为研究人员提供了与全球精英互动的宝贵机会,加速了其职业上的成长与成熟。

超过半数的研究人员根植于深厚的学术背景,而其余则源自智库自身广泛的专家网络。作为官产学交流的重要纽带,智库通过媒体传播、研讨会、数据库公开、论文发表等多种公共关系维护工具进行听众教育,将影响政策发展作为其社会责任。智库的研究人员也长期在研讨会上积极地活跃在政策制定者、国际组织人员、企业高层和记者之间,与各类具备社会影响力的专

业人员一同确立面临的重要政治议题，探索可实施的解决方案。因此，智库研究人员通常与政策制定或实施的相关单位交流密切，并可能通过项目合作获得长期密切交流的机会。在无利益冲突的情况下，在政府部门、国际组织和非政府组织从事过相关工作的专家多数会选择与智库保持沟通，或通过成为高级外部顾问，或加入智库成为管理层人员，长期介入智库的发展及研究工作。

（5）契合创始人背景，充分整合相关资源

欧洲智库的创立者往往具备丰富的政府外交、国际组织工作经验或深厚的学术背景，特别是外交关系、经济学和公共政策等领域。在入选宾夕法尼亚大学 2020 全球智库排名西欧排名前 30 和东中欧排名前 30 的智库中，四成的创始人拥有多年学术研究背景（见图 4-17），研究领域多为外交关系、经济学、公共政策等。超三成的创始人为政界人员，担任过内阁成员、政府顾问或其他政府部门型职能。这些背景使智库对政策研究有深刻洞察，能够精准定位研究方向，吸引更广泛的专家参与，确保智库的长远发展与研究深度。政府官员、学术精英和国际组织前成员的加入，不仅为智库带来宝贵的实践经验和政策洞见，还促进了其与政府及国际组织间的紧密合作，增强了智库对政策制定的直接影响。

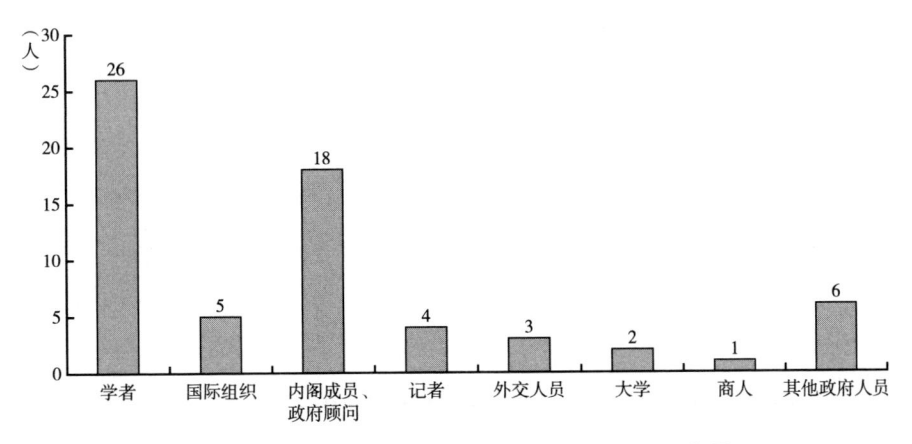

图 4-17 欧洲智库的创办者在创办智库前的工作背景

（三）欧洲公共政策研究人才培养情况

1. 伦敦政治经济学院

（1）伦敦政治经济学院人才培养概况

伦敦政治经济学院（The London School of Economics and Political Science），简称伦敦政经（LSE），由费边社成员韦伯夫妇、格雷厄姆·华莱士和乔治·萧伯纳于1895年建立，是位于英国伦敦的公立研究大学，现为伦敦大学联盟成员和罗素大学集团成员，是金三角名校之一，被誉为"G5超级精英大学"。

伦敦政治经济学院专注于社会科学研究，在政界、商界、学术界极负盛名。在2013~2021年的QS世界大学排名中，LSE在社会科学领域始终位居世界第二（仅次于哈佛大学）、欧洲第一。该学院至今产生了18位诺贝尔奖获得者以及超过55位国家元首或政府首脑。截至2016年，诺贝尔经济学奖48个获奖者中有27%曾在伦敦政治经济学院求学或就职。

伦敦政治经济学院是一个拥有广泛学术范畴的教育机构，它总共设有19个系和30多个研究中心或研究所。这些系与中心涵盖了诸如经济学、数学与统计学、历史学、法学、哲学等丰富的社会科学领域专业。在2022~2023学年度，该校吸引了12034名学生前来深造，其中有本科生5983人（49.7%）、研究生6051人（50.3%）；国际学生的比例达到了64%，这些学生来自全球超过150个国家和地区，彰显了LSE的国际化特色。[①] 此外，从就业和深造的角度来看，LSE的教育成果显著，2020~2021学年的数据显示，高达93%的毕业生在完成学业后顺利步入职场或选择了进一步的学术追求。

伦敦政治经济学院（LSE）拥有一系列广泛的学术项目，包括超过120个理学硕士学位（MSc）课程、2个公共管理硕士（MPA）课程、1个法学硕士（LLM）课程，以及本科生层面的30个理学学士（BSc）课程、1个法

[①] The London School of Economics and Political Science. LSE at a Glance [EB/OL]. [2024-02-20]. https://www.lse.ac.uk/about-lse/lse-at-a-glance.

学学士（LLB）课程和专注于历史学与地理学的 2 个文学学士（BA）课程。多样的课程设计展现了 LSE 在社会科学领域深厚的学术底蕴与广泛的专业覆盖。

学院强调跨学科教育的重要性，要求所有本科生在其第一和第二学年内至少选修一门本专业之外的课程，以此来拓宽视野，增进人文素养。此外，LSE 鼓励学术交流，允许并欢迎不同专业的学生参加开放的大课，促进知识的交叉融合。

教学方面，LSE 采取了灵活多样的方法，结合了大课讲座与小班研讨的教学模式。大课根据课程的不同，参与学生可多达 1000 名，例如基础经济学课程就常吸引大量听众；而小班教学则保持在 10～20 人的规模，旨在促进深入讨论和个性化指导，确保每位学生能获得充分的关注与学术支持。这样的教学体系既保证了知识传授的广度，又兼顾了深度，体现了 LSE 对高质量教育的承诺。

伦敦政治经济学院在英国独树一帜，其独特之处在于对社会科学领域的深度聚焦与卓越贡献。学院专精于社会科学的教学与研究，凭借在这一领域取得的显著成就和大量国际前沿的学术成果，其树立了极高的全球声望。LSE 提供的教育项目全面多样，涵盖了广泛的学术与职业发展需求，包括但不限于：丰富多样的硕士学位课程与学士学位课程，旨在深化专业知识与技能；文凭课程与访问学者项目，为寻求专业提升或学术交流的个人量身定制；活力四射的暑期课程，为全球学子提供短期密集学习的机会；针对行政管理和职业教育的专门课程，满足行业精英与未来领导者的实践需求。这一系列课程设置彰显了 LSE 在社会科学教育的深度与广度，体现了其致力于培养全球化时代下具备跨学科视野与实战能力人才的教育理念。

伦敦政治经济学院的大批校友和教员在社会科学的学术研究、政治、法律、商业、金融以及文学、音乐和演艺等各个领域都具有广泛影响力。其校友包括了数十位国家或政府的首脑，数十位现任英国下议院议员，以及现任英国内阁成员。同时，伦敦政治经济学院经常被称为伦敦金融城的繁殖沃土，多年来培养了大量商业及金融人士。

（2）伦敦政治经济学院公共政策研究人才培养方案

伦敦政治经济学院（LSE）的公共政策学院以其在公共政策领域的专业知识而闻名。学生通过在该学院学习将获得对当代治理的独特理解，并在政策制定技能上得到实际应用的训练。该学院与多伦多大学、巴黎政治学院、哥伦比亚大学开展合作进行硕士双学位培养课程，同时开设国际移民、社会冲突与公共政策、政府事务、国际社会与公共政策、数据科学与公共政策、国际事务等和公共政策有关的课程和暑期项目。学生将从经济学和计量经济学、政治学、定量方法、公共管理和哲学等核心学科角度，对当代治理的复杂挑战形成独特的理解，这为其理解和应对全球最紧迫的公共政策挑战提供了工具和知识，为其未来成为具有国际视野的政策分析专家、决策者或变革领导者打下坚实的基础。

伦敦政治经济学院公共政策学院推出的公共政策硕士课程（MPP）专为处于职业生涯初期至中期的专业人士设计，旨在增强他们在处理复杂公共政策问题上的知识与分析技巧，助力其在政策相关领域的职业发展迈上新台阶。这一为期9个月的高强度项目，让学员得以暂时脱离职场，融入一个由世界各地经验丰富的学生组成的多元社群，从中获取新颖见解，深刻理解"政府运作"的精髓。课程内容融合了理论分析、政治学视角与政策实施的实务，形成了一个全面而深入的学习框架。

公共政策孵化器项目则专为公共政策硕士一年级学生设立。其运行时间为第二学期，即1~5月。此项目为学生搭建了一座桥梁，使其能够将课堂所学理论直接应用于实践：参与者被编入4~6人小组，在导师团队的指导下，整个学期中围绕外部合作伙伴提出的真实世界"挑战"，即广泛感兴趣的议题，展开协作研究与项目开发。此举不仅加强了学生们的团队协作与问题解决能力，还在实践中检验并深化理论学习，为其将来在公共政策领域内担当重要角色奠定坚实基础。

伦敦政治经济学院公共政策学院的课程构建在坚实的学科基础上，同时赋予学生高度的个性化发展空间，鼓励他们根据个人兴趣和职业目标深化专业领域知识。学院内多元化的学习环境促进了学生间的互动与合作，不同社会背景和经验的学员在此互相学习与交流，不仅拓宽了学术视野，还逐步构建起一个富有价值的专业社交网络。课程内容全面深入，学院系统教授公共政策的精髓以及推动政策改革和提升公共服务效能所需的先进方法与实用工具，为学生职业生涯的持续成长与应对未来挑战提供了坚实基础。通过这一综合教育过程，学生不仅能够掌握专业知识，还能提升解决现实问题的能力，为步入社会、投身公共服务领域或政策研究工作铺平道路。①

2. 巴黎政治学院

（1）巴黎政治学院人才培养概况

巴黎政治学院（法文：Institut d'Études Politiques de Paris；英文：Paris Institute of Political Studies），简称巴政（Sciences Po），由埃米尔·布特米于1872年建立，位于巴黎市中心，是附属于巴黎大学的行政独立法人。巴黎政治学院是世界顶尖社科类大学，是法国政治学院（IEP）系统最高学府，在欧洲乃至世界享有盛誉，为欧洲社会科学大学联盟、国际事务专业学院协会成员。

巴黎政治学院的传统支柱学科为政治及国际关系、经济、法律、历史和社会学。2020年QS世界大学排名中，巴政的国际事务及政治科学排名全球第2位，彰显了其在该领域的卓越成就与国际影响力。2023年巴政在校生近15000名，50%为来自世界150多个国家和地区的国际学生，这种高度的国际化构成了学院独特的学习氛围。学院致力于教育公平与多样性，有29%的学生受益于奖学金项目，这不仅促进了学术交流，也为不同背景的学生提供了宝贵的学习机会。至今，巴黎政治学院的校友群体蔚然壮观，超过10万人的全球校友网络遍布各行各业，成为连接过去与未来的桥梁，持续

---

① The London School of Economics and Political Science. Master of Public Policy（MPP）［EB/OL］.［2024-02-20］. https：//www.lse.ac.uk/study-at-lse/Graduate/degree-programmes-2024/Master-of-Public-Policy?_gl=1*1f2got*_ga*NzExNDUyMzUzLjE2OTkyNTE3NjY.*_ga_LWTEVFESYX*MTcwODM5Mzk0Ni4xOC4xLjE3MDgzOTkwNTguNTUuMC4w.

贡献于国际社会的发展与进步。

巴黎政治学院提供完整的高等教育体系，涵盖了从本科至博士的全方位培养项目。2020 年，巴政录取了 2195 名本科生，占当年录取总人数的 47.72%；研究生录取比例达到 50.96%，共计 2344 人；此外，还有 61 名博士生被录取，占比 1.33%。这一数据彰显了巴政在各级教育阶段的均衡发展策略。[1] 目前，巴黎政治学院的在校学生中，本科生群体规模约为 6700 人；研究生则有 7425 人，显示出研究生教育的强劲势头；博士生队伍包含 307 名成员，虽数量相对较少，但体现了学院对高端人才培养的重视与投入。这一学生构成反映了巴黎政治学院作为一所顶尖学术机构，不仅在本科教育上根基深厚，更在研究生及博士教育层面展现出高水平的教育质量和研究能力。[2]

巴黎政治学院有 7 个本科校区，每个校区至少有两种教学语言，其中 3 个校区提供全英语授课项目。7 个校区分别提供针对亚洲、北美、中东地中海地区、中欧东欧、非洲、拉丁美洲和西欧 7 个地区的特定课程。巴政规定所有本科学生必须在国外完成本科第三年学习，实现这一要求的方式灵活多样，包括海外实习或参与国际交换项目。为进一步推动学生的国际化进程，巴黎政治学院与全球多所顶尖学府合作，在日本、中国香港、美国、澳大利亚和新加坡等地设立了七个双学位合作项目，这些合作不仅拓宽了学生的学术路径，还极大地促进了文化交流与国际职业网络的构建，完美契合了当今全球化时代对复合型国际人才的需求。

巴黎政治学院设有 6 个专门的研究生学院，精心设计了 24 个硕士项目，这些项目均紧密贴合职业市场需求，旨在为学生提供面向未来职场的高级培训。此外，学院还为有工作经验的职业人士量身打造了 4 个为期 1 年的英语授

---

[1] Sciences Po. 2020 Admissions: A New Record High of Applications Despite an Unprecedented Context [EB/OL]. [2024-02-20]. https://newsroom.sciencespo.fr/2020-admissions-a-new-record-high-of-applications-despite-an-unprecedented-context/.

[2] Sciences Po. Overview: Facts & Figures [EB/OL]. [2024-02-20]. https://www.sciencespo.fr/en/about/overview-facts-and-figures/.

课项目,以满足其专业深化和快速提升的需求。学院的国际合作广泛,开设了接近30个硕士双学位课程,为学生搭建国际合作平台,拓宽其国际视野。

巴政的研究学院专注于高级学术人才培养,提供研究型硕士及博士项目,但领域聚焦,仅涵盖法律、经济、历史、社会学和政治学这五个核心学科。研究型硕士课程为期两年,注重理论与实证研究的结合,旨在为学生深入探索专业领域奠定坚实基础;博士学制则为三年,旨在培养学生独立研究能力和做出高水平学术贡献,学生将在导师指导下完成创新性的研究成果。

巴黎政治学院被誉为"法国社会精英的摇篮"。自法兰西第五共和国成立以来,6位总统、13位总理,多位外国国家元首与政府首脑毕业于该校。该校也培养出4位世界货币基金组织前总裁及一批杰出校友。中国近代著名的国学大师陈寅恪先生、现任联合国教科文组织副总干事曲星也曾就读于巴政。

(2)巴黎政治学院公共政策孵化器

巴黎政治学院的公共政策孵化器(Policy Lab)是一个开创性的教育计划,着重于通过实践培育学生的创新能力,使他们能够携手应对真实世界公共政策领域的挑战。该项目独特之处在于它搭建了一个桥梁,连接学术与实践,通过吸纳包括公共机构、私营企业和非政府组织在内的多样化外部合作伙伴,为学生直接介入并解决具有社会影响力的现实问题创造了条件。在资深设计导师的悉心指导下,学生们围绕合作伙伴所提出的、与公众利益息息相关的实际"挑战",展开团队合作,从零到一地构思并实现具体、可触达、可验证的解决方案。学生的创意不受限于任何形式,他们可以根据实际调研和需求分析,灵活选择最合适的表达途径。解决方案的表现形式多样,既包括开发移动应用、构建网络服务平台、设计严肃游戏或模拟系统,也涵盖空间模型制作、流程与用户体验优化策略、编制教育手册、录制播客节目、实现数据可视化乃至利用社交媒体推广倡议等,充分展现了学术与实践智慧的交融以及对社会创新的积极贡献。

公共政策孵化器项目特为公共政策硕士课程一年级学生设计,活动集中安排在第二学期,时间跨度从1月延伸至5月。此项目旨在搭建一座理论与实践相结合的桥梁，让学生们有机会将课堂所学应用到实际情境中。学生会被编入规模适中的小组，每组由4~6人组成，在具备丰富设计思维经验的教师团队引领下，整个学期深入探讨并应对由外部合作机构提出的、具有广泛社会关注的挑战性问题，这些问题被称为"挑战"。通过团队协作与实践探索，学生不仅能够深化对政策理论的理解，还能锻炼解决复杂现实问题的能力，为成为未来的政策实践者和创新者奠定坚实基础。

巴黎政治学院的公共事务学院为全体研究生提供了一项特色学习体验：参与公共政策案例模拟项目。[1] 每位学生在第二学年第一个学期都有机会从学院精心准备的广泛案例研究中挑选一项，这些案例覆盖了经济、政治、法律、文化、社会、环境保护等多个领域，旨在通过实践模拟加深理论学习。以2023~2024学年为例，公共事务学院策划了一系列紧贴现实政策挑战的案例研究，内容丰富多样，包括但不限于：新兴经济体的国家筹资、如何利用海量数据了解社会辩论、如何实施有效的去碳化政策、交通运输去碳化和创建替代燃料市场、欧盟关于新庇护和移民公约的谈判、美术馆的包容性观众政策、公共部门如何负责任地使用算法、反歧视政策与种族统计、动态竞争法、健康危机中的医疗与政治决策、国民议会授权超市销售药品的后果、法国主权公司应如何应对地缘政治和公共行动、将政府的部级职能外包的机会研究。这些案例研究不仅增强了学生对政策制定与执行的综合理解，还锻炼了他们在复杂情境下分析问题与提出解决方案的能力，为他们未来在公共事务领域的职业生涯奠定了坚实基础。

3. 欧洲公共政策研究人才培养特征

欧洲的大学、研究院和智库在培养公共政策研究人才方面形成了一套系统化、多层次且具有国际化视野的教育与培训体系。这个体系结合了严格的学术训练、实际操作经验和多元化的资源支持，为学生提供全面的发展平台。

---

[1] Sciences Po. Enseignements De Tronc Commun：Etudes De Cas / Common Core Course：Case Study（2023－2024）［EB/OL］.［2024－02－20］. https：//syllabus.sciencespo.fr/en/? 202310/236214.

(1) 跨学科与专业化并重

欧洲公共政策教育采纳了一套融合跨学科广度与专业深度的课程体系，旨在全面发展学生的综合素质。该体系不仅重视跨学科的学习路径，鼓励学生吸纳经济学、政治学、法学、社会学和历史学等多个学科的知识，以构筑起分析复杂政策议题的坚实基础，而且专注于特定领域的精深探索，确保学生们精准贡献政策领域的专业见解与解决方案。

课程结构上，公共政策项目巧妙平衡了核心课程与选修课程，前者围绕政策分析、公共管理基本原则、政治理论根基及经济学基础知识展开，为学生奠定扎实的理论框架。而后者则赋予学生根据个人学术志趣及职业规划选取深造方向的自由，无论是环境政策、卫生政策还是科技政策等，都能找到相应的深化学习路径。这一灵活机制促使学生在宽广的学术光谱上定位个人专长，实现知识的个性化积累。

教学实践中强调了"学以致用"的原则。借助模拟政策制定与执行的实践活动，课程设计将学生置于接近真实的决策环境中，通过翔实的案例剖析与模拟政府运行机制的参与，使学生不仅能将抽象理论投射到具体政策情境中进行检验，还能在这一过程中锻炼自身的决策判断力、团队协同作业能力及实际操作技能，为将来职业生涯中的政策实践预演，从而培养出既具备宏观视野又能处理细微政策问题的全能型人才。

(2) 理论与实践相结合

理论与实践相结合是欧洲公共政策研究人才培养的重要特点。在扎实的学术理论基础上，各大高校和研究机构尤为注重通过实际操作经验来巩固和拓展学生的能力。其中，公共政策孵化器项目作为典型案例，凸显了这种教育理念的实际应用。

这些孵化器项目密切联动政府机构、非政府组织、企业界以及国际组织，创造平台，让学生在导师的指引下，以团队形式直面现实世界的政策难题并动手设计解决方案。该过程不仅让学生进行理论分析和策略提案的构思，更涵盖了对其项目管理、沟通策略规划及成果展示等全方位技能的培养。如此一来，学生得以在近乎真实的场景中，历练其分析问题与解决难题的能力，同时亲身体验政策从构想到实施的全过程。

实习经历是另一条将理论知识与实际操作相结合的关键路径。欧洲教育机构广泛与政府机关、国际组织、智库及企业构建合作网络，为学生开辟了丰富的实习渠道。这些实习岗位覆盖政策研究、数据分析、项目管理等多个维度，让学生有机会将课堂所学知识应用于实际工作中，不仅提升了其职业技能，还使其通过实践积累了宝贵的工作经验和人脉资源，为学生日后的职业生涯打下了坚实的基础。总之，通过这些实践环节的融入，欧洲的公共政策教育确保了学生获得全面、实用的能力培养，以适应复杂多变的政策环境。

（3）注重国际交流与合作

欧洲公共政策研究领域尤为强调国际化视野的培养，视国际交流与合作为教育和研究不可或缺的一部分。各大高校及智库积极构建全球合作伙伴网络，旨在汇聚世界各地的杰出学者与学生，营造一个多元文化的学术生态，从而促进知识的跨界流动与思想的碰撞。

联合研究项目的设立是深化国际合作的关键一环。通过与海外高等学府、权威研究机构及国际组织携手，欧洲学术界得以跨越地理界线，共同探索全球性的政策议题，这不仅极大拓展了研究的广度与深度，更为学生搭建了参与国际级别科研活动的平台，使他们能够在全球语境中分析和应对公共政策挑战，培养国际观察能力。

学生交换计划作为国际交流的另一重要支柱，通过与全球顶尖学府建立互换合作关系，为学生开启了海外求学之门。在异国他乡的学习经历中，学生不仅能够沉浸在不同文化和政策环境中，深刻理解国际政策体系的差异与协同，还能够显著提升跨文化交流能力，增强国际竞争力，这为其日后的职业生涯铺设了宽广的国际路径，提供了更多元化的发展机遇。总之，欧洲公共政策教育通过这些国际化举措，致力于培养具有全球视野、适应能力强且能在国际舞台上发挥作用的未来领导者。

（4）多元化的资源支持

欧洲公共政策研究在人才培养上的一大亮点，在于其提供的多元且强有力资源支持系统。该体系依托于欧洲各大学府与智库广泛而深厚的研究资源及专家网络,为学生创设了优越的研究条件和学术辅助环境,确保了教育质量与研究深度。

首先,对于学术研究至关重要的数据库访问权限,在欧洲教育机构中得到了充分保障。这些机构广泛订阅了各类高级别的专业数据库与学术期刊,为学生即时获取最新研究成果和高质量数据资料提供了便利,奠定了扎实的基础。

其次,频繁举办的学术会议与研讨会构成了另一大资源支柱。欧洲学术界常态化的国际会议与专题研讨会不仅汇聚了众多学界领军人物、政策制定者与行业实践者,还为学生搭建了直接对话前沿、互动交流的平台,使他们得以洞悉学科最新动态,收获专家的直接反馈与指导,拓宽学术视野。

最后,专家指导机制在学生学术成长过程中扮演着核心角色。欧洲院校和智库汇集了众多经验丰富的教授与研究专家,他们以其深厚的专业知识与研究经验,对学生的课题选择、研究设计、数据处理直至论文撰写等各个阶段,提供一对一的精细指导与帮助,确保学生在专业道路上稳步前行。

欧洲公共政策研究人才培养之所以能够保持高水准,得益于其背后丰富多样且高效利用的资源体系,包括不限于全面的数据资源、活跃的学术交流平台以及个性化的专家指导,这些都为学生的研究学习之路提供了强有力的支撑与保障。

四 日本智库及其人才队伍发展现状

(一)日本智库研究机构体系及其人才队伍现状

日本的智库研究机构体系主要由政府部门设立的政策研究机构、大学及学术组织的政策研究机构、企业和企业集团支持建立的综合研究机构等组成。近年来政府为加强科技与经济安全领域的咨政研究,将若干机构作为新型智库建设试点给予重点支持。

1. 政府部门的政策研究机构

"二战"后日本中央政府的职能部门（省厅）普遍设有政策研究机构，为其主管领域的公共政策制定与推行提供支持。虽然在 2001 年大规模行政机构改革时，政府拟将其从行政组织系统分离出去，改建为"独立行政法人"，但由于这些机构长期深度参与各部门的政策过程，已成为政府决策不可缺失的支撑力量，难以与主管机构完全分开，因而最终仅对其职能进行了优化整合，大多仍保留在行政系统之中。应当承认，这些机构对于"二战"后日本经济与社会政策的制定与完善，尤其是政府主导型"日本市场模式"的形成起到了至关重要的作用，其中内阁府经济社会综合研究所（ESRI）、文部科学省科学技术与学术政策研究所（NISTEP）、厚生劳动省国立社会保障与人口问题研究所（NPSSR）是知名度最高的 3 家官办智库研究机构。

内阁府经济社会综合研究所设置于行政中枢机关之中，其基本职能是国民经济核算（GDP 统计）、国民经济运行监测（景气统计）和宏观经济政策研究，近几年主要围绕数字经济、宏观经济模型运用、经济与社会统筹发展三个方向展开研究活动并取得一系列重要成果，其中关于国家财政收入的中长期预测、少子化对未来社会的影响、中国与美国经济的未来风险等研究报告受到国内外广泛关注。2021～2022 年，该所通过与一桥大学、东京大学、庆应义塾大学等合作举办论坛，提出关于新冠肺炎疫情对就业与家庭的冲击与对策、对企业经营的冲击与对策、对医疗服务体系的冲击与对策和后疫情时代的财政重建等研究报告，对政府应对公共卫生突发事件决策提供了有力支持。该研究所还定期举办面向国家公务员的培训，通过公共经济学、计量经济学理论与方法的系统修习，提升其把握和执行公共政策的能力。

科学技术与学术政策研究所是文部科学省所属智库研究机构之一，其基本职能是围绕科技发展规划、科技创新支持、科技人才队伍建设、科研系统运行、科技环境治理等相关政策的制定和推进开展调查研究，并通过国际交流与合作把握世界主要国家与地区的科技最新动态，《全国创新调查统计报告》《民间企业科研活动调查报告》《国民科学技术意识调查报告》《博士人才跟踪调查报告》是其发布的主要调研成果。近年来，该研究所提出的一系列有关国家科技创新能力评价的研究报告，受到国际社会广泛关注；由其绘制的全球科技热点地图和关于科技论文"量"和"质"的排名，已成为各国政府设定科技战略目标的重要参考。自 2008 年起，该所还受政府部门委托，组织评选年度"科学技术突出贡献奖"，对在科学技术研究中取得卓越业绩的学者进行表彰，诺贝尔奖得主山中伸弥、大隅良典均曾获过此奖。

国立社会保障与人口问题研究所始建于 20 世纪 60 年代，内设情报调查分析、社会保障基础理论、社会保障应用分析、人口结构、人口动向等研究部；其基本职能是通过全国与地方未来人口结构与规模演变趋向预测、社会保障费用统计及不同政策领域支出国际比较、人口出生与死亡调查、人口流动调查、家庭类型与世代构成变化调查等，为政府的经济与社会政策制定提供依据。现今主要研究项目有青少年教育与就业研究、生育支持政策研究、超长寿社会综合研究、大数据背景下社会公众健康促进研究等。该研究所长期与联合国开发计划署、世卫组织、世界银行等国际机构保持合作关系，承担有关第三世界国家社会发展研究课题，曾帮助东南亚、非洲、南美的十几个欠发达国家设计社会保障制度体系。

政府部门政策研究机构的工作人员均享有国家公务员身份，通过国家公务员考试选拔被录用，定期接受公务员业绩与能力考评，按照公务员任用制度晋升，享受公务员薪酬待遇。因此，一些专业研究人员的职衔为"统括研究官""主任研究官"，以与社会智库机构的"研究员"相区别。虽然这些机构也可根据任务需要，聘请部分大学教师、企业高管等为"客员研究员"兼职参与特定政策项目研究，但聘用程序十分严格，受聘者均需在公务员管理机关（人事院）备案。

2. 大学与学术组织的研究机构

虽然日本的大学普遍重视应用研究，大多根据其长期发展需要和学科优势而设立一些相对独立的社会科学研究机构，但这些机构在咨政建言方面的贡献并不多，大学教师通常以参加政府部门"政策审议会"（专家委员会）或借助新闻媒体来发表自己的政策见解。进入 21 世纪后，随着政策科学研究的深入开展，部分大学，尤其是一流大学的研究机构开始关注经济与社会问题，并取得初步成果。其中东京大学社会科学研究所、一桥大学社会科学高等研究院和日本学术会议3家学术机构表现比较突出。东京大学社会科学研究所是日本高校举办的规模最大的社会科学综合研究机构，设法律、政治、经济、社会4个研究部和社会调查数据研究中心，近5年内向中央和地方政府提交120余件咨政研究报告，相当部分被新制定的法律和公共政策采纳。尤其是2020~2023年，该所为抗击新冠肺炎疫情而相继提出的关于控制新冠肺炎疫情的政策选择、新冠肺炎疫情对家庭成员之间关系的影响、新冠肺炎疫情对年轻人工作和健康的影响、新冠疫苗接种与国家治理能力的国际比较、后疫情时代的公众心理变化等一系列研究报告，为中央和地方政府的公共卫生决策提供了及时而有力的支持。

该研究所采用固定岗和流动岗相结合的人事制度，共有专职研究人员48位，他们均为教授和副教授，经济学专业占1/3，所长和副所长均为经济学专家；另设100人左右流动岗，用于招聘研究助理、访问学者和跨部门合作教授；该所一向重视国际交流，长期保持5名以上外籍合作专家。

一桥大学是一所以社会科学为主的研究型综合大学，其经济学、工商管理等学科在全日本居领先地位。2014年，该校为适应公共政策研究，尤其是咨政研究需要，将若干经济社会类研究机构整合为社会科学高等研究院。该研究院由校长担任理事长、副校长兼任院长，下设全球经济体系、医疗卫生经济、国际公共统计、中小企业发展、金融创新、数字社会、全球治理、脑科学等研究中心，与内阁府、财务省、经济产业省、厚生劳动省、总务省以及联合国开发计划署、世卫组织等保持合作关系。

该研究院采用专职、兼职和编外聘用相结合的人事制度。现有专职研究人员38人，均有博士学位，其中近2/3为39岁以下的年轻学者；兼职研究人员16人，均为本校经济学部、人文学部的教授、副教授；编外人员由各研究中心根据项目研究需要自行聘任，约120人，多为近5年内获得博士学位的青年学人。

日本学术会议是"二战"结束后，政府为组织科技学术力量参加经济社会建设而设立的一个汇集全国学界精英的"特殊机关",由行政中枢机关直接领导。近年来因人事任免权与政府发生冲突,该机构誓言"彻底改革",其首项举措就是强化科学家向政府和社会直接提出政策建议功能,动员其会员(210人)和通讯会员(2000人)积极开展决策咨询研究。2023年,日本学术会议共提出咨政类研究成果50余项,其中关于完善生育支持政策、改善科技管理与支撑人员待遇、加强对人口减少社会问题研究、在基础教育领域开展风险教育、改革科技评价制度的报告等获政府部门高度重视,部分内容被新发布的政策性文件采纳。

日本学术会议的咨政课题研究,通常采用由不同学科的多位会员和通讯会员参加组成高水平科研团队的方式推进。因这些会员和通讯会员均为各学科领军人才,由其共同主持研究活动,不仅便于学者之间相互交流与启发,形成新的发现与见解,提升研究成果的价值,还有助于培养他们指导的青年人才的智库研究能力。

3. 企业集团、行业协会等举办的智库研究机构

进入20世纪70年代后,随着日本日益成长为世界经济强国,一批依托大型企业或企业集团、行业协会等举办的政策研究机构应运而生。根据日本青山学院大学教授井上川夫的整理,现今这类机构有160余家,其中26家属于对中央和地方政府的政策制定具有一定影响力的第一方阵,其中野村综合研究所(NRI)、三菱综合研究所(MRI)、东京财团政策研究所(TRI)是其典型代表。

野村综合研究所由日本第二大券商野村证券举办,是目前员工最多(7600余人)、产出成果最多、全球排名最高的日本民间智库机构;三菱综合研究所是依托日本最大企业集团——三菱财团设立的综合型智库机构;东京财团政策研究所则是由日本海洋运输业巨头出资、仿照美国城市研究所模式设立的智库研究机构。这些机构具有以下共同特点。

一是围绕国家战略开展研究活动,力求以快速优质的研究成果影响政府的公共政策进程。例如,三菱综合研究所每年调整一次研究重点,2024年已将地震灾区重建、物价与股市调控、应对人口持续减少、国家数字化战略实施等列入优先选题；东京财团政策研究所则将其重点研究对象长期绑定财经与能源保障、科学技术创新、教育与人才培养、健康与老龄化、数字化转型 5 大领域，对日本的综合竞争力下降、科技创新能力下降、出生人口下降等问题进行跟踪研究。

二是积极拓宽海外国际活动空间，开展有深度的国际交流与合作。野村综合研究所在全球设有 19 家分支机构，可动态收集和分析世界主要国家的经济社会信息；东京财团政策研究所则借助其金主的"国际研究奖学基金"，与世界各地的 70 余所高校（包括我国 7 所）建立交流合作关系；三菱综合研究所则与企业的国际业务相结合，开展调研活动。

三是借助市场机制，以有偿服务为主、多渠道筹集事业运营资金。近 5 年上述 3 家智库机构的咨询服务年收入均超过 250 亿日元，其中 2023 年三菱综合研究所高达 512 亿日元。这些机构都拥有一支素质优良、年龄结构比较合理的专业人才队伍。根据对东京财团政策研究所 60 位骨干研究人员的简历检索，毕业于日本 U11 大学或全球排名前 100 大学者占 92%，拥有博士学位者占 58.3%；具有中央或地方政府机关工作经历者占 18.3%，拥有大学或国际组织、公共研究机构任职经验者占 23.3%。近年来，随着人才需求的多样化，这些机构录用新人的关注重点开始由教育背景转向科研实践能力和先前取得的科研业绩。

尽管日本的民间智库机构均不公开员工薪酬信息，但根据个别访谈得知，这些机构核心研究人员的年收入通常超过 2000 万日元，明显高于公立大学教授和政府局级官员；骨干研究人员的年收入也大多超过 1200 万日元，高于大学副教授。这是保持人才队伍稳定和研究成果质量的一个主要原因。

4. 政府重点支持建设的新型智库机构

2022 年 4 月，日本政府为强化国家经济与科技安全相关信息的收集与分析，动态把握国内外科技创新的最新成果与进展，完善政府科技决策机制，保障重点产业供应链安全，决定将若干科技政策研究机构改建为直接服务于政府决策的新型智库，将政策研究大学院大学（GRIPS）、未来工学研究所（IFENG）和日本科学技术振兴机构（JST）作为首批建设试点。

政策研究大学院大学是日本政府于20世纪90年代设立的一所以培养政策科学研究生为目的的高等教育机构，内设政策研究中心和科技创新政策研究中心，前者研究内容涉及政治、经济、法律、社会、国际关系等诸多领域，后者则是一个专为政府科技决策提供支持的智库平台。自2006年以来，该校一直保持由一位副校长担任政府科技决策最高机构——内阁府综合科学技术创新会议议员，并承担政府有关科技规划、科技人才、科技评价等重大课题研究。根据其新型智库建设方案，该校今后将按照国家经济社会战略需要，对世界主要国家的科技政策和研发动向信息进行系统收集，对重点产业领域关键技术的进展进行跟踪调查，对全球科技竞争中日本的优势与弱项进行系统整理，将试点期间的研究重点集中于健康医疗、互联网安全、海洋宇宙三大领域，力争在重大传染病疫情防控、网络安全国际合作、海洋经济安全保障和宇宙广域监视技术开发等方面提出具有实效价值的政策建议。

日本未来工学研究所是20世纪70年代初期，由日本电信业企业家团体支持建立的社会智库机构，曾发布有关全球电信产业发展远景的著名报告，在国际社会具有较高知名度，它的世界科技类智库排名多次进入前十，与政府科技主管部门关系密切；内设政策调查分析中心、情报通信研究中心、社会课题调查研究中心等机构，研究范围涉及经济、科技、社会、公共安全等领域。近三年的主要研究成果有：以2050年为远景目标的科技战略规划调研报告、国家科技战略制定相关社会问题的调查与分析、AI时代的社会分裂及克服策略、大学科研成果应用推广基金制度的国际比较、左右国家经济安全的未来新兴技术、以深度学习为中心的第三代人工智能的局限性等。该研究所的显著特点是面向社会，尤其是企业公开征集课题，并以此确定每年度的研究重点。

日本科学技术振兴机构是政府为推进《科学技术基本计划》实施而设立的科技综合管理与技术开发机构，其基本职能是：促进基础研究和技术研究创新、推动科技成果向产业转化、组织开展国际科技合作与交流。现任理事长为诺贝尔奖得主野依良治，智库首席专家为东京大学原校长五神真，内设研究开发战略中心和亚太综合研究中心两个智库机构，前者主要组织拟定环境能源、信息科学、纳米新材料、医学生命科学、量子科学等领域的发展战略，后者则主要负责推动日本与亚太地区各国，主要是美中两国的科技交流与合作。日本政府为保障经济安全，在海洋考察、宇宙航空、网络空间、生命科学等领域设定了27个重点技术研发项目，交由科学技术振兴机构推进管理。按照政府关于新型智库建设方针，试点机构可从政府部门、社会组织、民营企业等聘用具有科技创新政策研究与管理经验的高水平专家承担研究任务，工作报酬可采用灵活方式支付；政府鼓励公共部门与试点机构扩大人员交流，放宽公务员辞职进入试点机构的限制条件，简化公立试点机构人员聘任程序。为此，政策研究大学院大学聘用9名资深专家（其中2名曾在政府科技决策机关任职、2名曾担任政府部门政策研究所所长）担任科技创新政策研究中心客员教授；日本科学技术振兴机构也对其研究开发战略中心和亚太综合研究中心的科研力量进行了充实，相继接受4名来自经济产业省、国土交通省的辞职官员。

（二）日本智库研究人才的教育培养

日本智库研究人才的教育培养，主要通过高校研究生教育和智库机构内部培训两大途径实现。前者旨在为智库研究机构持续提供高水平专业人才，后者则着力于智库研究与管理人员的专业素养与能力提升，其中政策研究大学院大学的研究生培养方案和日本综合研究所的人才战略是两个代表性模板。

1. 政策研究大学院大学的研究生培养方案

该校入选国家重点支持的首批新型智库建设试点不久，即对其科技创新政策方向的研究生培养方案进行了相应修订。首先，将人才培养目标重新界定为：能够胜任中央和地方政府、大学、公共部门及企业科技创新战略与政策（包括科技基本政策、产业技术政策、科技创新政策、环境保护政策、能源政策等）规划设计、实施推进、监测评估等岗位的高素质专业人才和在大学与公共研究机构中从事科技创新政策研究与教学的人才；通过必要学习和训练，具备高度的政策研究能力、战略规划与实践能力、社会科学各领域分析能力和熟练运用外国语的国际交流能力，以及在高等学校讲授政策科学专业课程的能力。

其次，对课程体系进行大幅更新。原研究生培养方案开设课程多达36门，分基础课、专业基础课和专业课。基础课重视基础理论厚度和国际视野培养，要求学生从国际政治经济学、国际关系理论、比较政治学、科技外交论、应用经济学、发展经济学、科技政策史、量化数据分析、计量文献学及其应用等课程中选修4门以上；专业基础课则强调基础理论与政策研究相结合，推荐学生优先选修科技政策形成过程、产官学合作、创新经济学、科技创新政策比较、知识产权管理等课程；专业课有科技创新政策评价、能源环境政策分析、关键技术与供给链分析、科技创新政策方案拟定演练等，着力于培育和强化学生科技创新政策的设计与分析能力。

新方案对原课程体系进行了优化重组，除新增经济安全保障、科技风险管理、科技支撑管理、科技伦理规范、数字化技术应用等课程，还将通修课"公共政策分析"升级为"高级公共政策分析"，显著提高其质性分析和量化分析方法的运用难度；同时还增加有关美、中、英、德、韩等国科技创新政策成效比较课程，引导学生从价值多元视角做出综合评价。

再次，高度重视科教结合培养人才，鼓励学生深度参加重大项目研究。该校一向鼓励研究生参加重要课题研究并与其学位论文选题相结合。2019~2022年"科技创新政策"方向的学位论文选题，基本与该校近几年承担的重要项目相关；其中2020~2022年毕业的6名博士、19名硕士学位论文选题均来自文部科学省委托的"21世纪00年代科技创新政策的经济社会效果分析""以'未来社会'为视域的科技研发战略规划""博士人才基础信息收集整理与研究生教育改革""科技创新核心基地的建设机制与评估指标"等一系列研究项目。新方案进一步要求，博士生在读期间必须至少参与1项重大项目研究；原则上，博士学位论文选题应与重大项目研究内容相关或独立承担确有咨政价值的研究课题。

最后，实行开放式办学，与高水平学术机构联合培养人才。在新方案中，该校在继续保持与内阁府经济社会综合研究所、文部科学省科学技术与学术政策研究所、科学技术振兴机构等科研合作关系的基础上，与东京大学、大阪大学、庆应义塾大学、一桥大学等建立"政策科学人才联合培养"机制，鼓励博士研究生跨校选课并参加课题调研，建立基于重大项目的联合导师组。

此外，该校还特别重视毕业生人才质量跟踪调查。科技创新政策研究中心对 2004 年以来的国内外毕业生均建立"职业成长"监测档案，并及时更新其任职机构与岗位的变化，尤其关注在政府机关、科研机构、智库机构等从事政策制定与研究人员的成长情况；根据毕业生需求，及时提供有关知识更新和能力提升的资料。

2. 日本综合研究所（JRI）的人才战略

日本综合研究所是由日本第二大企业集团——三井财团（住友银行）支持建立的社会智库机构，知名度与总体研究水平居日本智库机构第一方阵前列，2023 年公开发布的研究成果有 600 余项；该所拥有专职研究人员 246 人，近年来主要围绕宏观经济、市场与产业、少子老龄化、健康与公共卫生、教育与社会福利等领域问题展开调研活动。该所一向秉持"人力资本是最重要资本、社会价值创造原动力"理念，重视专业人才队伍建设，其人才战略已为各类研究机构乃至企业广泛借鉴。

该所 2021~2025 年人才战略的重点，是不断壮大和优化人才队伍、完善各种人才制度和持续激发组织活力。

人才战略首先向员工承诺：坚持安全、健康第一原则，努力为其提供安心宽松、有工作成就感的职场环境；尊重个人信仰与思想自由，倡导工作方式多样化；支持研究者向先前研究成果挑战，积极为员工人尽其才、取得优异业绩创造机会。同时，研究所也要求员工按照自身专长制定职业发展规划，不断提升和充分运用自己的专业能力；梳理团队合作精神，注重同事之间沟通交流积极探求新的知识，努力创出新的价值；不受职位等级所限，全心致力于社会课题的解决。

该所为加强专业人才队伍建设而采取的主要举措有以下几项。

（1）积极录用优秀人才，壮大和优化专业队伍。近10年来，研究所每年新进人员占比一直保持在8%以上，多为一流大学的经济、社会、政治等社会科学领域及数字信息科学硕士、博士研究生，包括少量外国人留学生。为改善新进人才质量，2020年对选拔标准进行修订，加大应聘人政策调研实践能力测试的权重。此外，该所每年还通过社会招聘途径，录用部分有研究或管理经验的"跳槽"人才，以开拓新的研究方向或补充流失骨干人才的岗位。

（2）通过举办各类培训班，着力培养专业人才的实战能力。研究所将培训作为提升研究人员职业素养和能力的主要途径，每年人力资源投入的最大部分用于各种培训班支出。新人入职后，首先要接受职业发展规划设计培训，在资深研究人员指导下，自主确定今后工作努力的方向与实现路径。此后，再根据事业发展需要，对研究人员进行经营管理能力、社会沟通能力、全球化适应能力等素质类培训和系统开发、项目管理、信息技术运用等技能类培训；该所支持并资助研究人员攻读博士学位、取得各种相关资格证书，鼓励研究人员参加外部机构，尤其是国内外一流大学举办的专题研修和学术会议。

（3）帮助员工明确职业发展路径，从中长期视野对其成长做出安排。研究所要求新员工入职后，均需根据自己的专业优势与愿望，以现行岗位为起点，对其今后10~20年的职业发展进程做出具体规划。人事部门定期听取员工关于职业发展规划进展情况说明，并及时帮助其排解职业成长中遇到的困难；研究所采用团队重组、岗位交流、竞争上岗等方式，激发员工的职业自律意识与挑战进取精神。对于中高年和资深员工的职业发展，研究所也从制度上做出安排。

（4）遵循以人为本原则，创造安全健康的职场环境。一是坚持"健康经营"方针，定期对员工进行健康问题调查，开展健康知识教育，设立健康管理室，构建有益于员工身心健康的工作环境；二是注重工作实效，支持研究人员采用居家办公、远程办公、择时办公等不同工作方式，允许资深员工在大学等社会机构兼职，完善员工带薪休假、育儿休假、照护休假制度；三是尊重员工的信仰与价值选择，承认员工同性伴侣为其家属。

（5）全方位激发组织活力，注重调动研究人员积极性。研究所每年组织管理层（理事长、常务理事、高级理事）与研究人员恳谈会，就所内重要事项直接交流对话；利用现代信息技术，设立内部交流区，鼓励研究人员就科研组织、项目实施、调研方法、成果运用等提出创新性见解，对确有价值的建设性意见及时采纳；每年在所内征集研究选题，所有研究人员有权推荐，评议会同意立项即纳入当年预算；设立业务改革推进工作组，确保各项改进举措落实到位；根据时代变化，探索构建与"新型工作方式"相适应的"新型办公室"，努力为研究人员提供最适办公环境。

（三）日本智库人才队伍建设经验对中国的启示

尽管与美、英等国相比，日本的智库机构数量并不多，也无多少对国际社会产生影响的显耀成果，但其在智库人才队伍建设方面积累的诸多经验仍对我国智库事业的发展具有一定启示意义。其中最重要的一点，是着力构建智库人才教育体系，打造智库研究骨干人才培养基地。

早在20世纪80年代，日本庆应义塾大学、中央大学、立命馆大学等私立大学就通过设立"综合政策学部"，探索培养公共政策研究所需专业人才；进入20世纪90年代后，东京大学、一桥大学等校相继举办公共政策专业学位（MPP）教育，培养政策科学研究中高级人才；此后，日本政府又专设政策研究大学院大学，作为智库研究骨干人才的培养基地，从而形成了比较完善的智库人才教育体系。实践证明，这一体系的运行是卓有成效的，它不仅为日本的公共政策研究培育了大量人才，而且让政策科学成为社会关注的"显学"，庆应义塾大学综合政策学部长期保持私立大学录取成绩最高，东京大学等校的MPP成为研究生报考的热选学科。

政策研究大学院大学已成为名副其实的智库研究骨干人才培养基地。由于现任校长大田弘子曾两度出任内阁财经大臣，与政府部门关系密切，故每年邀请几十位现职或退休高级官僚来校与学生对话交流；同时安排学生（学员）旁听专家委员会的政策审议，体验公共政策的制定过程；每年承担30项以上政府决策调研课题，以形成和强化学生的政策设计、理解与分析能力；为确保人才培养质量，要求博士论文评审必须有海外知名大学教授和智库顶级专家参与。该校的政策科学人才培养模式，已得到国际社会肯定，联合国开发计划署、世界银行、亚洲开发银行等几乎每年在此安排专题培训。

虽然我国新型智库建设事业已走过整整10年历程并取得初步成效，统计在册的各类智库机构高达2200余家，智库研究人员超过4万，却尚未建立起智库人才培养教育体系。现行智库机构研究人员的教育背景驳杂，多数研究人员只是依靠以往经验或逻辑推导提出改进治理的对策建议，普遍未系统接受过政策规划、政策分析、政策评价的规范训练，因而相当部分咨政研究成果的质量难以令人满意。尽管10年前兴起的"智库热"确曾促进了"权力"与"知识"的对话，为有价值的社会科学研究成果应用提供了机会，但由于对话双方的语言体系不一，尤其是智库研究者对政策过程的认识缺乏深度，因而多数智库机构并未发挥其应有作用。改进智库研究人才的素质能力，提升智库研究成果的质量，已是新时代智库建设面临的紧迫任务。

当务之急是在建立和完善以高校公共管理学院为主体的智库人才教育体系的基础上，借鉴日本等发达国家经验，依托中国科学院大学、清华大学等条件优越高校设立国家级智库研究人才培养基地；通过智库研究人才标准的制定，健全智库人才选拔、培养、使用的评价指标体系；通过智库人才教育资源的整合与开放，实现智库人才成长与发展机会共享；通过智库研究骨干人才能力提升工程的实施，切实提高我国智库人才队伍的整体素质。

第五章 智库人才队伍发展的问题与建议

近年来,在国家大力支持智库发展的大背景下,我国智库建设事业快速发展,智库人才队伍规模不断壮大,能力素质显著提升。但相较于智库建设对决策咨询更为科学、精准、高效的支撑需求,当前智库人才队伍建设中还存在一些问题。本研究基于对国内外智库人才基本情况、结构特征以及智库人才的能力与培养体系的研究,以及对科研院所类、高校类、企业类、政府类等各类智库以及民间智库的代表性单位进行深度访谈调研,深刻分析我国当前智库人才队伍发展存在的问题,面向未来智库建设与决策需求,借鉴国际智库有关经验,研究提出我国智库人才队伍发展的建议。

一 智库人才队伍建设存在的问题

(一)智库人才结构性矛盾突出

当前我国智库建设正处于"量大快上"阶段,各类智库人才队伍规模急剧扩大,但相较于智库研究和决策咨询需要,人才结构性矛盾较为突出。

一是复合型人才匮乏。智库多是服务于国家宏观层面的经济、社会、科技等发展战略和规划以及行业科技或产业发展战略的决策咨询,需要具备跨学科背景、多元知识结构和综合能力的复合型人才。虽然管理、经济等专业背景的智库人才较多，其思辨能力和"写"智库报告的文字功底较强，但没有相关行业或学科的专业知识做基础，很难提出有针对性或有效的咨询建议。具备行业学科或知识背景的专业性人才，往往对于宏观战略层面缺乏研判和把握能力，很难把专业认识转变为咨询建议。

二是领军人才匮乏。除高校和科研院所类智库机构，其他类型智库机构均表示缺乏业内有影响力的专家引领，高层次智库人才数量少，难以带动智库人才团队快速成长。

（二）智库人才的职业发展受到一定限制

智库机构表示在职称评审、岗位聘用、薪酬绩效等方面均受到不同程度的限制，难以突破"天花板"，对于智库人才的晋升、激励、引进等均造成较大影响。

一是职称评审自主权受限。新型研发机构类智库表示，由于其依托单位没有职称评审自主权，所以只能参加社会职称评审，更多优秀的人才倾向于流动到其他事业单位，以便尽快拿到高级职称。

二是岗位聘用自主权受限。高校类、科研院所类和政府事业单位类智库是智库的"大部队"，这几类智库基本是"定岗定编"，专业技术岗位级别、比例等都由上级主管单位设定，自主调整的空间几乎没有或者很小。目前智库人才队伍结构整体偏轻，且年轻人一般是高学历专业性人才，成长较快，但由于岗位数量有限，其职业晋升周期长、难度大。

三是薪酬绩效有限额。高校、科研院所、央企国企以及其他事业单位，员工薪酬水平以及绩效工资总额都有明确要求，机构内部灵活掌握的空间较小，因此对于智库人才的考核激励缺乏有效的手段。部分智库机构薪酬水平有限，对高层次人才也缺乏吸引力。

（三）智库人才团队缺乏有组织的研究机制

随着智库建设的加速，智库人才队伍有组织的研究机制尚未跟上，不利于有效开展智库研究。

一是智库建设与学科建设不协同。智库建设目标是服务于决策咨询，考核指标主要是咨询报告，要求报告"短平快"。学科建设需要论文、项目、奖励等，零散的咨询报告很难转化成系统的学术研究和论文。目前很多智库人才是处于松散的组织状态，缺乏有组织的科研团队和科研平台支撑，因此很难从规范的学科建设和学术研究角度去提高智库研究质量和培养智库人才。

二是智库工作导向有偏离。部分智库机构一定程度上逐步发展成为政府党办、委办的附属物，大量的智库人才做着政府政策研究室、办公室的工作，以跟踪、收集资料的一般性工作为主，缺乏深入研究和思辨，尤其是年轻的科研人员刚进入学术生态轨道，就面对"短平快"的工作任务，这对于其长期学术发展不利。

二 智库人才队伍建设的有关建议

基于对智库机构的调研以及智库人才队伍相关特征的定量分析，借鉴国际智库建设有关经验，为更好地促进我国智库人才队伍建设工作，打造一支学术水平高、综合研判能力强的高质量智库人才队伍，服务中央政府和各级部门相关决策咨询，我们对智库的人才队伍建设提出如下相关建议。

（一）加强智库人才队伍的体系化建设

一是加快推进智库人才的建制化培养。鼓励高校类、科研院所类智库设置"智库科学与工程"学科，企业类及其他类型智库与有关单位联合设立"智库科学与工程"学科或联合培养专业人才，以学科为体系推动智库研究理论方法、课程设置的完善，实现智库人才的建制化培养。

二是加强智库建设与学科建设的协同。鼓励智库机构与依托平台的学科建设相结合，通过人才联合培养、项目交叉合作、课程资源和科研资源共享、人员双聘或定期流动等多种方式，做"高、精、深"的智库研究。

三是促进跨学科人才合作。从智库人才不同教育阶段所学专业的分析数据看，智库人才大多在本硕、硕博阶段有不同学科领域和专业的教育经历，这也体现出智库交叉研究和综合性研究的特点。建议今后在智库人才队伍的培养中，以智库研究任务为依托，有针对性地开展学科交叉的教育与培养工作，让从事智库研究的人才了解和掌握更多不同领域的学科知识与分析方法，促进更多智库人才成长为学科交叉复合型人才。同时可构建具有不同学科背景和知识结构的智库研究团队，增强智库研究的综合性，提高智库人才以复合的视角研究问题和提出建议的能力。

四是鼓励更多女性研究人员从事智库研究工作。从智库人才队伍的男女性别组成来看，女性相对还是少数，而从我国当前女性科技人力资源来看，女性人员数还有较大的增长空间。从女性思维角度，一方面可以为智库研究提供更多分析问题的视角，另一方面也可以更多地关注到我国各行各业中女性发展相关的政策问题，建议有针对性地吸纳和鼓励更多女性参与到智库工作中来。

（二）完善智库研究组织机制

一是建立项目与团队有机结合机制。转变当前智库研究课题"短平快"的组织机制，集中智库科研经费，聚焦重大问题，以定向委托的方式，选择典型智库团队进行重点培育，把对国家影响深远的研究做大做强。

二是依托学术资源做衍生的智库研究。智库建设过程中，要依托更广泛的平台和团队，充分挖掘和利用平台及科研人员的学术积累和学术资源，更大程度地依托有深厚学术研究积累的团队做衍生的智库研究。不盲目组建以青年人才为主的智库研究团队，不让其陷入"短平快"浮躁研究模式。

三是提升决策咨询研究的战略地位。从国家层面进一步提升对决策咨询研究的重视程度，鼓励院士等高层次专家把决策咨询也作为自己的一项核心任务，抽出更多的时间和精力投入国家决策咨询研究工作中。

四是加强国际智库建设动态跟踪。组织专门力量持续追踪开展"国内外知名智库建设经验"专题研究，重点关注其如何组织队伍针对国家重大问题研究提出有效的咨询建议，结合我国发展实践，提出我国智库发展的长远规划思路。跟踪分析国际智库研究重点与热点，重点关注大国科技竞争、数字化转型、产业链供应链安全、国际关系、国家安全等领域研究动态，为我国智库研究和科学决策做出及时应对和调整提供可靠的基础性参考。

（三）构建多元化智库人才队伍

一是打通人才流动"旋转门"。尽管智库人才队伍的流动经历相对科研人员来说较高，但是从智库研究的特殊性看，建议今后加强"旋转门"机制，为智库人才提供更多的流动机会，以丰富其个人工作经历和阅历，助力其更好地进行智库工作。同时进一步拓宽人才选拔渠道，突出实践特色，把有思想活力、有实践经验、有政策研究能力的专业人士吸纳到智库中来，顺畅政府官员、企业人才到智库工作的通道，做好应用对策研究与基础理论研究的融合发展。

二是加强智库外围人才圈。通过返聘、聘请咨询顾问等形式积极挖掘外部优秀人才，既有效发挥智库专职人员的核心作用，又要充分利用智库外围人才的优势和资源对智库工作进行有益补充。

三是打造智库人才梯队。无论是研究团队还是管理团队，都要做到年龄结构合理，实现老中青的有机结合，避免年龄断层。从我们的数据分析和调研情况来看，部分智库单位从事智库研究的人员大多是年龄较大且职称较高的群体，智库人才队伍整体缺乏活力和可持续性；也有部分智库单位整体年龄结构较轻，缺乏一定的社会阅历和对政策、管理的理解能力。从长远看，为保持智库人才队伍发展的持续性，建议通过多种方式吸纳有能力、有潜力、有活力的优秀青年人才参与到智库研究之中，注重培养青年人才的综合研究能力，增强我国智库人才队伍的后备力量储备。

四是打造先进的智库管理团队。不仅要充实管理人员的队伍，使得管理人员与研究人员的比例搭配科学合理，而且要积极招募有媒体宣传经验、数据网络技能、会展策划能力和海外传播经验的现代化智库复合型管理人才。

五是加强国际优秀人才的吸引集聚。借鉴美国、德国、日本等知名智库人才队伍国际化建设经验，面向全球招募领军型人才及研究人员，在不涉及安全保密的领域，通过岗位任职、交流访问、合作研究等方式吸纳国际领军人才，扩宽我国智库人才队伍的国际化视野。面向全球范围，通过博士后项目、学生交流计划、实习生制度等多种方式，招募各国优秀的青年人才，进行国际经验交流与国际动态跟踪。

（四）完善智库人才培训与交流机制

一是建立科学的培训体系。做到研究人员政策写作培训常态化、管理人员业务能力培训专业化，定期邀请相关部门决策者、重要政策文件起草者和其他智库专家与智库人员交流政策研究工作的心得和经验。鼓励开展不同智库之间管理人员的交流学习。

二是建立岗位交流机制。选派骨干研究和管理人员进入党政部门挂职或任职，加强智库人才对公共决策的认识和理解。

三是加强人才国际化建设与交流机制。通过聘请顾问、项目合作等方式挖掘海外对华友好的优秀学者参与智库的学术交流和议题研究，以更便利地在海外宣传智库的优秀成果，与外部世界加强沟通、增信释疑。定期选拔优秀智库人员以担任访问学者、开展联合研究等方式到国际知名智库进行交流，或者到相关国际组织兼职，提升智库人才的国际化能力，培养和造就一批既具有扎实专业功底又具有实务工作经验和国际视野的高素质复合型人才。

（五）完善智库人才评价激励机制

一是转变"唯报告"思维。不以专报、批示等作为唯一评价指标，对智库人才的评价要探索定量和定性相结合的方式进行，重点评估其战略研判能力、思辨能力、政策把握能力、研究组织能力、人才培养能力等。针对不同类型的智库研究实行不同的评价方式，不简单以报告数量为评价标准，比如技术类咨询报告需要长周期的研究积累，很难有大量产出。

二是完善激励制度。在智力密集型单位，适当加大高级专业技术职称岗位比例和绩效工资总额额度，能下放的评价、评审自主权尽量下放到单位内部，让智库人才在职业发展通道上"流通"起来。

三是完善智库专家发声机制。鼓励专家从智库角度发声，以个性化的方式表达、宣传研究成果、政策观点等，协助塑造于我有利的社会舆论环境。

第六章 智库人才培养典型案例

因地制宜，以制度保障人才成长
中国社会科学院国家全球战略智库

中国社会科学院国家全球战略智库依托自身丰富的学术资源和雄厚的研究力量，遵循"服务中央决策，聚焦国之大者；规范研究程序，崇尚集体攻关；创新管服机制，培攉智库人才；加强交流合作，打造全球美誉"的原则，以"建设中国特色世界经济理论、国际政治理论和全球治理观的学术重镇""成立能就重要全球和地区热点问题迅速进行研判并提出对策建议的快速反应部队""形成国内国际政策界学术界硕学新秀竞相申请短期造访或中长期驻研的人才胜地"为目标，把握正确方向，把握职能定位，坚持精益求精、注重科学、讲求质量，积极开展国家高端智库建设工作。

在各项工作中，国家全球战略智库尤其注重以建立适用于自身发展和人才培养的制度保障和人才培养体系为抓手，努力推动中国特色新型智库建设。

一 人才选拔与引进：注重跨学科，兼顾国际因素和文化

智库依托单位世界经济与政治研究所既有世界经济学科又有国际政治学

科，同时还有国际政治经济学、全球治理等综合新兴学科的多元学科背景，积极招聘多种学科和专业的研究人员。在引进人才时，充分发挥人才引进委员会的学术鉴赏能力和监督作用，强调在满足学历门槛和政治素质要求的基础上，注重对其学科背景多元化、海外求学、合作研究等因素的考察。发挥资深人员的经验优势，聘请本单位和兄弟单位的退休专家参与课题讨论和指导研究工作等。招聘研究助理和实习生从事资料收集、追踪形势、数据整理、协办学术会议等基础研究工作，为研究人员和行政人员分担任务。聘用编制外人员，充实行政岗位。

二 人才培养与使用：培养与使用并重，突出团队合力

一是以任务为导向，由资深研究人员提纲挂帅，支持和鼓励资深研究人员对青年学者"传帮带"，由各专业优秀学者和项目负责人带领新入职的研究人员参与课题和实地考察。每年组织新入职人员座谈会，由领军人物讲述学问之道、各行政部门讲解办事流程。以月报专班的讨论、写作和完稿流程为示范，手把手教授青年学者开展对策研究的方法。二是以问题为导向，以研究专业和兴趣为基础组建研究团队，由团队负责人选择团队成员，在团队内形成辅助人员、骨干人员的合理分工。三是尽可能地为年轻科研人员创造对外学术交流的机会，鼓励他们参加国际会议、参与国际合作研究项目、到国际机构访学交流。疫情以前，每年的出访来访最多时合计达到约八百人次。四是组织学科前沿培训班，支持在研人员在工具使用和方法创新上的进一步提高。各学科跟踪学科动态并集中学习研讨前沿文献，举办方法和工具使用培训班。五是积极召开学术讨论会和各式论坛，提高年轻科研人员理论工具的使用能力，拓展他们的视野。中国社会科学论坛、亚洲研究论坛连续多年与国际知名学者交流重大国际问题，发出中国学术声音；"钱俊瑞-浦山讲座""世界经济与政治双周论坛"邀请中外战略家、思想家、理论家就全球战略相关重大理论与现实问题发表演讲，拓宽智库人员视野；"国际经济论坛""国际政治论坛"邀请国内外青年才俊来访交流学问、碰撞思想；

"智库信息交流周会"由智库研究专家领衔，每周交流重要智库研报、经典学术著作思想，从中提炼选题、锻炼学术和政策敏感力。**六是注重不同岗位人才的配置与使用。**着力培养政治立场坚定、业务能力突出的优秀管理人才，培养政治方向正确、学养深厚、编辑能力突出的研究型编辑人才，打造具有国际视野、外语水平高超的国际合作交流人才团队。

三 人才评价与激励：完善机制，提升激励，凝心聚力

一是注重在日常运营管理中以制度建设促进各项智库功能的发挥。在研究人员的职称晋升中，强调基础理论研究的根基作用，把必须达到在研究所和智库学术委员会制定的 A 类学术期刊上的发文数量作为申报门槛。为进一步推动高水准的应用对策研究，大幅提升应用对策研究成果在职称晋升评价标准中的权重，规定获得社科院对策信息一等奖等同于 A 类学术期刊的论文发表，鼓励两类研究融合发展、齐头并进，充分调动科研人员从事两类研究的积极性。加强管理型人才在智库工作中的协调统筹和服务。二是充分利用"放管服"措施，进一步完善各类经费管理办法，聚焦于取得重大成果的系统性研究，兼顾个人研究和团队研究形式，加大对基础理论研究和应用对策研究重要成果的奖励。三是想方设法提升研究人员的社会影响力和政策影响力。品类多样的年报、季报、月报、半月报和周报定期发布，网站内容丰富、更新及时，微信公众号受众广泛、每日发布。充分开发利用各种形式的平台和媒体，增加团队研究成果的可获得性，提升机构和人员的影响力。四是强化对科研辅助和行政管理人员的激励，不断优化考核和激励办法，调动工作积极性，鼓励他们参加学习和培训，增强工作人员的集体向心力和自豪感。五是加强对考核评价结果的综合应用，探索建立退出机制。拟对少数科研能力不足、长期完不成任务、拿不出成果的科研人员，采取转岗或劝退措施；拟将年度考核、绩效打分、职称评审、选先推优等结果综合应用，系统、连续、全面地评价人才，综合应用考核结果，提升激励效果。

一系列措施的效果，体现在成果产出上。在全面开展智库工作近三年的时间里，国家全球战略智库在咨政建言、理论创新、舆论引导、公共外交等各项智库功能的发挥方面，都做出了一定成绩。主持或参与中央重要文件的起草，参与中央议事机构、各部委、进口博览局等各部门的内部会议、研究课题等，每年都收到表扬函、感谢信几十封。2021年，在中国社会科学评价研究院举办的中国智库综合评价研究项目中，"理论创新"和"咨政建言"两项入选"中国智库建设特色案例"。连年被评为中国社会科学出版社"优秀智库单位"、中国社科院习近平新时代中国特色社会主义思想研究中心"优秀组织单位"等。"全球战略对话"国家高端智库论坛汇聚国内外著名专家学者，围绕全球重大问题开展对话，覆盖受众超2.14亿人次。《世界开放报告2021》的核心成果和主要创新点，获得习近平总书记在第四届进博会开幕式主旨演讲中的引用，中英文版本的报告入选2022年度中国社会科学院创新工程重大科研成果，尤其是应用对策研究取得长足进步。

尽管取得一些成绩，但国家全球战略智库的人才工作也依然有待改进。对于人才队伍建设工作来说，随着形势的发展，一直都需要不断地创新、完善，为肯钻研、有作为的同志提供充分激励，营造优秀人才进得来、留得住、能发展的优良环境。下一阶段的重点探索包括：努力为领军人才配备充足的专职或兼职学术助手；探索资金进一步向有能力有影响力的智库专家倾斜的制度和方法；加大从外部以合同制的方式灵活聘用相关人员并支付具有市场竞争力薪酬的力度；引入具有较强业界竞争力的媒体编辑和相关专业人才，进一步做好打通新媒体传播方面的工作；进一步提高科研辅助、行政管理岗位人员的能力和素质等。

创新体制机制 加强智库人才队伍建设

中国宏观经济研究院

中国宏观经济研究院（国家发展和改革委员会宏观经济研究院）是国家发展和改革委员会直属研究机构，是首批国家高端智库建设试点单位之一。研究院坚持以党的建设为引领，紧紧围绕改革开放和社会主义现代化建设大局，以应用研究和政策研究为主，具有贴近国家宏观经济管理决策部门、贴近中国发展实际、学科专业比较齐全的特色，主要为中央宏观经济决策和国家发展改革委中心工作提供智力支撑，从智库视角在国内外发出权威声音。

习近平总书记指出，培养人才是国家和民族长远发展的大计，当今世界人才的竞争首先是人才培养的竞争。[1] 近年来，研究院在深入推进国家高端智库建设过程中，始终坚持把人才队伍建设作为工作重中之重，不断加大人才培养力度，优化人才队伍知识结构，努力破解人才发展瓶颈，探索建立人才培养的长效机制。

一 强化基础研究、发挥学术平台作用，夯实智库人才学术功底

从青年人才逐步成长为骨干人才，直至成为顶级的领军人才，具有一些普遍性的规律，顺应规律、利用规律将有利于促进人才更快成长。研究院围绕基础学科、基础理论、基本方法，不断夯实科研人员理论功底、学术能力。

一是发挥好多类型课题作用，培养智库人才研究能力。研究院设立多

---

[1] 习近平：深入实施新时代人才强国战略 加快建设世界重要人才中心和创新高地[OL]. 新华网，2021-12-15. http://www.xinhuanet.com/politics/2021-12/15/c_1128166004.htm.

种课题类型，多方位夯实智库人才研究能力。设立重大课题，培养科研人员攻关国家全局和长远发展的重大战略、规划、政策、改革等方面的研究能力；设立重点课题，培养科研人员研究经济社会发展和学科建设等方面重要问题的能力；设立基础课题，培养锻炼青年科研人员基础研究能力；设立应急课题，培养科研人员完成党中央国务院、国家发展改革委交办的临时任务的应急研究能力。二是发挥好学术平台作用，促进智库人才思想交流。举办"国宏大讲堂""国宏学术茶座""国宏发展论坛""国地论坛"等，使全院呈现"百花齐放、百家争鸣"的浓厚学术氛围，促进智库人才研究交流、思想交流。三是发挥好国际合作机制作用，拓宽智库人才研究视野。发挥好中国宏观经济研究院与美国、法国、韩国等国大学和科研机构的国际合作机制作用，互派访问学者，深入进行学术研讨，为科研人员掌握学科前沿动态和研究方法提供良好机遇和学习平台，拓宽科研人员国际视野。

二 创新机制体制、发挥"传帮带"作用，营造智库人才成长的良好环境

中国宏观经济研究院注重在服务国家发展改革委中心工作中锻炼队伍、培养人才。院所领导和资深专家甘做绿叶，为青年科研人员压担子、搭梯子，支持青年人才主持重大研究项目。在重大研究项目中，形成了"领导负责、专家指导、中青年骨干为主力"的研究队伍体系，建立"导师制""顾问制""正副组长搭档制"等多种形式的"传帮带"模式。在课题开题、中期检查和成果验收等关键环节，由资深专家帮助确定研究方向、指导研究方法、把握研究观点，有效提升青年人才的研究能力和产出的研究成果质量。近几年，中国宏观经济研究院新入职的博士研究生，平均3年即可成长为科研骨干。"传帮带"的模式，已成为中国宏观经济研究院青年人才脱颖而出、尽快成为骨干后备力量和栋梁之材的重要培养机制。

三 加强应用研究、发挥学科专业优势，提升智库人才决策支撑力

中国宏观经济研究院秉承"为祖国奉献、为国家服务"的人才培养理念，坚持为中央宏观经济决策和国家发展改革委中心工作服务，积极围绕"一带一路"建设、推动长江经济带发展、京津冀协同发展等重大战略和创新驱动发展、制造业升级、资源型城市转型、新型城镇化等重要主题，发挥专业领域优势，组织科研人员开展重大课题研究，推动科研成果转化为国家政策，为国家经济社会发展提供智力支撑。

一是上接"天线"，加强与委司局合作。推动我院各研究所与委司局签订"结对子"协议，使科研人员直接参与重要政策、重大规划等文件起草，提高政策研究能力。二是下接"地气"，加强与地方研究院所合作。我院与天津、辽宁、江苏、湖北、广东、重庆、陕西等30个地区签订合作协议，共建国情调研基地，每年组织数百人次科研人员赴基地调研，在全院推动形成扎实的调查研究之风，使政策研究更加"接地气"，更加符合国情实际。

四 注重综合培养、发挥交流挂职机制作用，锻炼智库人才综合素质能力

我院把选派干部借调部委机关和赴基层挂职锻炼作为提升人才综合素质的重要培养渠道。一是选派干部借调部委机关工作。根据科研人员专业领域，每年选派近百名干部赴部委司局深度参与工作，干部的政治素质、业务能力和综合能力得到了进一步提升。二是选派干部赴基层挂职锻炼。通过选派优秀青年人才参加博士服务团、援藏援疆等到基层挂职锻炼，进一步促进青年人才在基层实践中担当作为、磨砺才干、积累经验。

综上所述，中国宏观经济研究院坚持以为党育人、为国育才为使命，不

断创新体制机制，加强国家高端智库人才队伍建设和领军人才培养工作，推动智库人才成长为既熟悉部委机关业务和地方政府职能特点又能够独立承担重大战略、规划、政策等问题的研究，既是专业技术领域的专家学者又是具有组织管理团队能力的管理者，既具有国内国际宏观视野又掌握微观分析方法的复合型人才。

发挥智库优势助力高校人才培养

清华大学国家治理与全球治理研究院

一 背景与意义

2014年，教育部印发《中国特色新型高校智库建设推进计划》，明确了高校智库的功能定位，提出高校智库应当发挥战略研究、政策建言、人才培养、舆论引导、公共外交的重要功能。2017年，中共中央办公厅、国务院办公厅印发《关于深化教育体制机制改革的意见》，强调高校要把人才培养作为中心工作，全面提高人才培养能力，探索适应自身特点的培养模式。清华大学第十五次党代会上提出，人才培养水平显著提升是学校重要发展目标，多种人才培养模式统筹协同，培养更多国家急需的高层次人才。人才培养是大学的核心任务和首要职能，同时也是高校智库的重要功能。智库因其贴近政策、基层和产业的优势，可为学生提供具有前瞻性研究的科研活动和实践平台。智库参与人才培养的过程，可以结合智库战略性咨询和应用对策研究的特征，培养学生战略性、创新型思维，引导学生将科研与实际联系，促进知识学习与国家社会发展相结合。

在学校智库建设领导小组的指导下，清华大学智库中心贯彻落实党和国家、学校党委关于中国特色新型智库建设的部署和要求，逐步形成了以智库中心为平台和枢纽、以国家高端智库国家治理与全球治理研究院为龙头、以30余家高水平校级智库为重点支撑，适应智库运行规律的新型高校智库体系。智库中心在发展过程中，紧扣为党和国家培养优秀人才的使命，围绕学校核心职能与目标，不断探索智库建设服务全员、全过程、全方位育人的体制机制。智库工作服务人才培养一直是学校领导、智库中心及全校智库关注和探索的重要工作。自2021年起，智库中心将服务学校人才培养工作列为专项任务，调动全校智库优势战略研究力量，多方面开拓创新，为智库发展与大学基本职能的深度结合打开全新局面。

二 主要做法与经验

（一）以智库中心为平台枢纽，积极联动，构建协同工作机制

2021年智库中心明确在育人方面的任务，与校内职能部门开展积极合作，建立协同育人机制。通过与学校研工部、学生部、校团委、教务处、马克思主义学院等部门的交流调研，详细了解各部门在学生培养方面的需求，深入研究智库资源能够支持服务的方向。通过互通资源和合理规划，智库中心与各职能部门迅速推动了项目的实施：与校团委、研工部合作，开展本研学生社会实践指导；与教务处、研究生团委合作，开展大学生研究训练指导；与马克思主义学院合作，推动形势与政策课程改革建设。智库中心在实践指导、科研辅导、课堂教学、思政教育等不同育人环节与有关部门建立了紧密合作机制，充分激发智库研究系列教师参与人才培养工作的热情，形成以学生需求为主导、精准匹配智库智力资源的协调机制，将智库力量融入学校人才培养的各个环节，初步构建了与相关部门在人才培养方面相互促进、协同发展的良好基础。

（二）发挥智库教师专业优势，全过程指导育人项目

1. 成立智库中心导师团，指导学生社会实践

以学生社会实践为切入点，2021~2023年智库中心组建三届智库导师团，汇聚智库教师力量，指导博士生、本科生社会实践。导师团精心指导80支学生实践支队，覆盖1100余名学生，实践足迹遍布国内20省、52市以及5个海外国家。智库教师全程指导学生行前准备、实践方案制定、与基地基层沟通、调研考察、调研报告撰写、宣传报道、答辩汇报等环节。在智库教师的指导下，学生发挥专业知识，产出丰硕实践成果。如佛山支队为当地起草科技政策文件；安徽支队提出地区科技发展创新建设性意见；石嘴山支队协助完善《石嘴山市碳达峰行动方案》，并向市政府提交简要报告；云

南南涧支队完成南涧茶产业、文旅产业发展调研报告，赢得南涧县委、中央农办、农业农村部、国家乡村振兴局等单位的高度认可。在校级评优活动中，共有33支由智库教师指导的支队获评"优秀支队"。智库教师在实践调研、项目攻关、产学研合作转化、主题教育等方面为学生提供指导，通过引导学生在社会背景中考察问题，促使学生将专业知识与实践结合，提高了实践质量，激发了学生创新能力。

2. 发挥智库科研优势，参与科研类项目指导工作

智库中心组织智库教师开展多类学生科研项目指导，致力于培养具备创新意识和科研能力的青年人才。在大学生研究训练计划中，智库教师基于自身研究领域，开设40余项研究课题，覆盖国际关系、气候变化、社会治理、城市建设、人工智能等多个学科领域。通过导师的引领，学生深入了解科研过程，掌握科学研究方法，培养了创新意识和实践能力。在"江村学者"计划中，7位智库教师带领7个本科生专题小组，展开为期两年的基层实践与调研，致力于培养服务基层的研究者和实干家。学生在教师的指导下深入基层，开展调研，取得显著成果。如"数字技术与共富乡村"小组在重庆酉阳县何家岩村乡村振兴方面的研究和实践，得到酉阳县、乡、村三级领导高度赞赏。在青年汇智团计划中，智库教师参与六期计划，以青年人才培养为核心主题，通过培训研究方法、组织调研交流活动、指导研究报告等方式服务400余名研究生，提高学生科学研究能力，并为其搭建表达意见和辅助学校决策的发声平台。此外，智库教师广泛参与各类学生项目评审及指导活动，以专业视角为学生提供新思路，助力学生完成实践研究。智库教师具备深厚的科研功底和丰富的科研资源，能够提出具有前沿性和应用价值的研究主题，通过跨学科的指导方式，培养学生的研究能力和科学思维。

（三）积极引导智库机构开展多样化人才培养活动

清华大学部分智库机构自创立之初就将人才培养列为重要工作，并在建设发展中逐步深入参与，探索并形成多元人才培养模式，为国家发展与治理领域培养后备人才。

1. 创新学位项目

清华大学中国发展规划研究院、清华大学公益慈善研究院分别开设MPA发展规划方向、公益慈善与社会治理方向课程，招收具备发展规划相关背景的干部与公益慈善领域人才。清华大学公共安全研究院开设安全科学与工程一级学科博士点，完善硕士培养体系，建立涵盖风险评估、监测预警、应急管理、工程实践等多方面内容的完整课程和人才培养体系。清华大学能源互联网创新研究院协助电机系设立能源互联网国际班，开展本科人才培养，建立能源互联网方向培养基地，与国际相关领域的顶级专家开展合作，联合培养研究生。

2. 开设精品课程

清华大学生态文明研究中心推出"生态文明十五讲"作为"文化素质教育讲座"课程，深入阐述生态文明思想和基本理论，介绍当前生态文明建设实践和创新方向，激发学生对生态文明建设和绿色发展的思考与理解。清华大学中国农村研究院开设"乡村振兴理论与实践""三农问题前沿"等系列优质研究生课程，邀请"三农"领域专家走进清华课堂，为学生带来"三农"方面权威的政策解读、透彻的理论分析和鲜活的实践案例。气候变化与可持续发展研究院面向研究生开设"气候变化大讲堂"，邀请全球政界领袖、国际组织负责人、学界知名人士和商业先锋分享气候变化领域的最新信息、理念和精彩观点。

3. 举办学术活动

清华大学战略与安全研究中心定期举办战略与安全大讲堂，邀请知名国际关系领域专家与学生交流互动。清华大学日本研究中心每年选拔学生参加亚洲大学生环境论坛，拓宽学生国际视野，助力培养亚洲环境领域的青年人才。清华大学一带一路战略研究院指导学生成立"一带一路"研究协会，支持并指导学生开展学术活动及实践活动。清华大学中国新型城镇化研究院举办新型城镇化主题辩论赛，引领青年学子深入讨论城镇化发展，促进青年关注中国发展转型的复杂性。

高校智库服务人才培养具有很大潜力。未来，智库中心将继续坚持服务学校中心工作，主动承担育人使命，动员智库研究力量参与到人才培养的主体工作中，探索丰富人才培养路径，促进政策研究与人才培养的互相支撑和良性互动，为培养高层次创新人才、助力中国式现代化强国建设做出更大贡献。

创新机制 建设国际一流智库

中国人民大学国家发展与战略研究院

一 人才队伍基本情况

中国人民大学国家发展与战略研究院（以下简称"人大国发院"）是中国人民大学集全校之力重点打造的中国特色新型高校智库，是首批国家高端智库建设试点单位，并在多项智库排行榜中位居前列。成立以来，人大国发院注重体制机制创新，积极打造"新平台、大网络，跨学科、重交叉，促创新、高产出"的高端智库平台，汇聚全校一流学科优质资源，在基础建设、决策咨询、公共外交、理论创新、舆论引导和内部治理等方面取得了显著成效。

人才是智库高效运转的根本动力。近年来，在学校的大力支持下，人大国发院积极推动人才体制机制创新，通过专职与兼职相结合、长聘与短聘相结合、校内与校外相结合、学术与咨政相结合，打造了一支高水平研究人员队伍。目前人大国发院有专任教师16人、专聘研究员80人、校内兼职研究员300余人，其中45岁以下的中青年研究人员数量占比接近60%。

二 主要做法和经验

人大国发院不断完善智库人才选拔制度，通过团队滚动制、智库科研岗、高级研究员、市场聘任制研究人员等制度的创新，构建起长短结合、专职与聘任结合、"走出去"与"引进来"结合、体制内与体制外结合多元化方式，建立起适合智库发展的人才队伍体系。

（一）以平台化的运行机制构建规模化研究人员体系

依托高校和科研机构的人才优势，人大国发院通过全校选聘，形成智库研究板块，突出学者牵头机制；通过分解研究领域，引入开放滚动的研究团队。以此建立"核心平台+专家网络"的较为灵活多样的运行模式，通过专职与兼职、长聘与短聘、双聘与双跨、资深专家与青年学者相结合等形式，聚集一批原有学术机构中的专家学者，发挥专家的智力优势，在智库平台上开展咨政研究，产出高质量的智库研究成果。

（二）重点打造核心研究人员队伍

人大国发院通过智库研究员制度，从规模化的研究人员体系中遴选出能够深度参与智库平台工作、具备带领团队从事政策研究能力的高水平研究人员，打通智库与院系的人才流动通道。同时为其配备完善的服务保障，充分发挥首席专家和核心专家的作用，使之成为高质量研究的中坚力量。目前，人大国发院形成80人的专聘研究员队伍，聚集顶尖学者，其中具有正高级职称的人员比例达到90%。

（三）探索建立中国式的智库"旋转门"机制

近几年，人大国发院致力于构建大学智库与政府之间的"旋转门"机制，从外部引进研究经验丰富、咨政成果丰硕、获得业内认可的高水平专家。具体来说，引进具有重要岗位工作经验的学者型领导担任高级研究员，在研究者与决策者之间、知识性与决策权之间、理论与实践之间架起桥梁，把优秀的思想与最紧迫的现实问题对接起来，破解发展难题。同时，筛选校内具有大量学术积淀和社会调研基础的学者从事政策研究，并给予其智库科研岗待遇，待其产出相应研究成果后，又可以回到传统的学术岗位上完成进一步积淀。这样既能将教师们长期在教学科研中的学术积淀转换成政府、社会所需的思想建议，又能解决高校教师在教学、科研和咨政三者之间的冲突。人大国发院已在学校层面出台智库科研岗管理办法，构建以高级研究员为核心的专职智库团队。

三 进一步推进人才体制机制创新的建议

第一，不断优化人才队伍结构。明确高校智库发展内涵定位，推进高校智库人才队伍结构不断优化。积极构建和不断完善高级、专聘、兼职三支研究员队伍，借助高级研究员聘用和管理办法的完善和实施，探索突破老教授返聘的制度障碍。

第二，持续加强人才能力建设。探索推动智库导向的跨学科的博士生培养，建立健全人大国发院博士后管理制度，重视智库复合型人才咨政能力的培养，持续提升高校智库人员的职业素养与综合能力素养，打造一支新的水平高、专业强、可持续的学术运营团队。

第三，完善人才激励评价机制。不断完善激励与评价机制，在开展相关工作时，突出高校智库研究人员创新能力的价值，尊重研究人员的智力成果。将科研能力纳入考核指标，突出研究成果被采纳或转化为实践的成果认定，提升其在职务提升、职称评聘等方面的考核权重。

发挥特色和优势　探索社会智库人才培养

综合开发研究院（中国·深圳）

一　人才队伍基本情况

截至2023年底研究院总人数198人，达到国际上中型智库的水平，其中硕士及以上人员占87%，博士占20%，海外留学人员占29%。青年研究人员占比将近八成，其中，35岁以下有92人，占46%；36~40岁有29人，占15%。此外，研究院还培养了注册咨询工程师团队人员26名，注册规划师团队人员4名。

二　主要做法和经验

（一）充分发挥首席专家的作用

在保证智库研究质量、不断提高智库研究水平方面，首席专家可以起到统领全局的重要作用。一是带领和指导大家不断提高理论水平，提高研究能力。研究院首席专家樊纲同志是一位经济学家，这几年来一直要求和指导研究人员学习专业理论知识，强化专业研究，以研究带咨询，以咨询促研究，使两者相辅相成、互相促进，不搞智库研究和咨询研究"两张皮"，也就是要求每一位研究人员既做咨询又做研究，这使智库研究不脱离实际，又使咨询的理论水平、政策水平不断提高。这也保证了研究院有能力做智库研究的研究人员数量不断扩大，年轻人不断成长。二是首席专家亲力亲为，全程参与和把控研究报告的关键环节，保证了成果质量。研究院的每一个国家高端智库报告和认领的中央部委需求课题，从立项开题确定研究提纲，到初稿形成和成果提交，首席专家从他的专业和视角，与研究人员进行几轮的反复讨论和修改。在这个过程中，首席专家的作用首先就在于以一个"局外人"的视角，对研究方向和研究内容进行不同的审视，帮助研究人员"跳出"自己的思考，站到更高更远的位置上，即站到国家战略层面去审视正在研究的问题。首席专家与研究团队的讨论，也有利于大家进一步理清思路，找准方向，删繁就简，抓住重点，提炼观点。研究院各个研究团队都认为与首席专家的讨论对于提高研究质量起到了重要的作用，并且在这种讨论中提高了自己的研究与写作水平。

（二）通过市场化、社会化招聘引进高层次人才

通过市场化、社会化聘任，员工规模持续增长。加大了智库人才特别是青年学者和新锐力量引进力度，比如近几年引进的海外留学人员呈现较大幅度增长。与此同时，建立了一个有效的激励、奖励配套机制，加大奖励和绩效支出，使研究人员积极参与智库研究，这有利于培养综合型公共政策方向智库人才。

（三）发挥特色和优势培养智库人才

一是通过项目选好用好智库人才。坚持研究和咨询相结合，所有人要从项目做起，我院每年完成200多个市场化的政策咨询项目，为研究人员提供了用武之地和施展才华的空间，促进研究和咨询相辅相成、相得益彰。

二是打造开放的复合型团队。我院的课题以研究团队的专业方向为主，但有时也会根据课题涉及的问题，统筹协调，给予专业、人员、资源上的支持，也允许研究团队根据兴趣和专业自行组合。针对中央部委需求课题的战略性、宏观性和综合性的特点，我院在原来经济管理专业为主的基础上，着力引进了一批国际关系学、社会学、规划设计、工程类人才，鼓励学科交叉和研究团队跨界，加大复合型团队建设的力度。

三是多举措为人才赋能。鼓励有能力、有条件的年轻人担任课题组组

长。资助年轻人在媒体平台上撰写评论，提升年轻研究人员的专业素质，培养他们对政策研究的兴趣。鼓励支持年轻人接受媒体采访，参加政府咨政会议、行业会议论坛、学术沙龙、学者互访，为对外交流创造条件。资助研究人员自主研究，资助研究和出版经费。

（四）大力提升研究人员的数字化能力

一是强化数字化思维。充分认识人工智能大模型给咨询行业可能带来的挑战，不断凝聚共识，强化危机意识。同时，着力引进数字化人才，完善公共数据平台，加强与外部合作，加强数字能力培训。

二是加快建设创新技术实验室。我院正在推动产业工程技术大数据实验室、空天一体化遥感分析实验室、虚拟现实场景应用实验室建设，将数字技术与研究咨询有效结合，探索"研究+咨询""硬技术+软科学""数字+智库"等模式，支撑未来可持续发展。

（五）建立灵活的科研组织管理机制

一是最大程度发挥研究人员的能动性。研究院把申报的部委课题发给研究人员，由大家自由申报，然后组织专题会议，各自汇报研究思路，首席专家学术审议小组再结合他们的专业、绩效、能力以及时间等，进行综合审议并立项。根据研究的需要，研究院为一些重大的政府课题提供额外的公共经费，资助深化研究。

二是建立内部竞争机制。立项的课题，若在团队研究过程中发现确实难以胜任的，由首席专家学术审议小组统筹协调，把课题交给更适合的研究团队承担，避免交差应付式的研究。

三 存在的问题和建议

在国家推动新型智库建设的形势下，各地、各类智库不断涌现，尤其是很多政府部门、大型国企都办起了智库，这给智库行业和市场带来新的活力和竞争，同时，也给社会智库人才队伍建设带来挑战。人工智能大模型、大数据等新工具新方法给方方面面带来深刻变革，特别是对智库行业从业人员而言，既是挑战也是机遇，每个智库研究团队、研究人员都要主动地拥抱变革，提高数字能力，加快学习运用新工具新方法，创新政策咨询方法，提升研究咨询能力。

浙江大学智库人才队伍发展的经验与展望

浙江大学区域协调发展研究中心

规模稳定、梯队合理、精干有力的核心智库队伍是智库可持续、高质量发展的关键。浙江大学自 2017 年 6 月纳入国家高端智库建设培育单位以来，在智库人才引育方面有的放矢，出台一揽子有效政策，初步建成一支精干高能的专职智库研究队伍，在承接中央交办任务、智库成果产出中发挥重要作用，成为我校智库研究的常备军。

一 我校智库人才队伍的基本情况

目前，我校智库人才队伍主要分布在区域协调发展研究中心（国家高端智库建设试点单位）、中国科教战略研究院、北京研究院等全员智库编制单位，同时，在立法研究院、土地与国家发展研究院、中国特色社会主义研究中心、中国农村发展研究院、公共政策研究院、铸牢中华民族共同体意识研究基地（培育）、共享与发展研究院等具有智库研究特长的机构也设立了专门的研究为主岗（智库）编制。从依托院系（单位）来看，研究为主岗（智库）编制主要分布在中国西部发展研究院、中国科教战略研究院、公共管理学院、经济学院、人文高等研究院、先进技术研究院等。从学科分布上来说，经济学、教育学、管理学、社会学、法学、政治学等是主要依托学科。在现有在岗专职智库教师中，45 周岁以下青年教师占 45% 左右，97%以上具有博士学位。

二 激活人才队伍的主要做法与经验

制度创新是各项工作创新的源头和动力。只有通过制度改革激发人才活力，才能破除限制发展的"紧箍咒"，踩下纵马疾驰的"油门"。

（一）在全国高校范围内较早地明确智库人才和智库成果评价标准，为智库事业发展规范"度量衡"、设置"指挥棒"

"以前，我们智库很难吸引到真正的优秀人才，进入智库的教师也难以实现长远发展，症结就在于智库成果在传统的高校学术评价中处于边缘化地位。这直接成为青年智库人才头上的'紧箍咒'。"而如今，《浙江大学智库成果认定办法（试行）》《浙江大学智库人才队伍管理暂行办法》已经出台多年并在实际运行过程中不断完善，如进一步出台《关于浙江大学智库成果认定的补充解释》，成立校级智库专业技术职务中级评审委员会、高级评审委员会等。据此，有实效的智库成果被纳入科研评价体系，智库与学术成果分类管理，智库成果评价适用于校内职称晋升、岗位评聘、科研奖励以及各类人才选拔等方面。根据决策咨询类成果的影响力和重要性，将其认定为A+、A、B+、B四个级别，并应用于科研评价、人事考评。明确规定智库研究为主岗教师在引进、职称晋升、岗位聘任、聘期考核以及各类人才选拔时以智库成果为主；院系专任教师、学校思政教师、管理干部、博士后等的职称评审都将高水平智库成果作为重要业绩条件之一。《光明日报》对浙江大学的先行先试给予积极肯定，认为"浙江大学的尝试，是全国高校智库建设的缩影。一棋落子，满盘皆活"。

（二）千方百计加大高层次人才的引进力度，为高层次智库人才在浙大的发展架设好人才轨道

学校于 2018 年出台《关于"旋转门"引进智库研究为主岗教师的暂行办法》，从国务院发展研究中心、科技部战略院、中国劳动和社会保障科学研究院等引进具有丰富咨政研究经验的高端人才。2020 年出台《浙江大学"求是智库岗"试行方案》，不断加大高层次人才的引进力度。秉持智库研究与学术研究同样重要的理念，在学校原来只有特聘教授岗、求是特聘教学岗、求是特聘实验岗和求是特聘医师岗情况下，专门设立求是特聘智库岗（学校重要的高层次人才学术性、荣誉性岗位），执行年薪制，在高层次人才评价方面真正落实"学术与智库研究并重"原则。据悉,若干位通过"旋转门""求是智库岗"制度引进的高层次人才在高水平内参采纳、国家级重大课题、省部级成果获奖、公共外交与对外发声等方面都表现不俗,在智库研究上领军作用显著,也在推进国家高端智库建设和学科建设上做出重要贡献。

(三)想方设法温暖青年智库人才,以智库青年联谊会为基础,建网络促合作

青年智库人才是智库队伍的生力军,也是承担智库任务最为积极的群体。新引进的智库青年人才往往面临首聘期考核、"非升即走"等压力,加上购房、婚恋、育儿等非学术压力,更需要从智库研究共同体、基层党组织等渠道获得关心关爱。浙江大学在清源学社(首个青年教师学术社团)下设智库分社暨智库青年联谊会,设立会长、执行会长、副会长、秘书长等岗位,充分激发青年智库学者团体自治的积极性,为青年学者信息与经验分享、撰稿互助、职业心理咨询等提供平台,定期举办年会,表彰"青年智库之星""十佳智库成果",为全校智库青年发展营造良好的共同体氛围。学校还为智库青年人才建立微信群、钉钉群等沟通机制,不定期发布智库选题"揭榜挂帅",定期举办报告改稿会、走访活动和省外调研活动,为青年教师的成长提供各类帮助。

三 存在的不足与未来展望

总体而言,这些年浙江大学智库人才队伍发展势头强劲,高质量咨政成果不断产出,智库人才梯队接续有力,智库人力资源委员会、职称评审委员会等制度性设计彰显优势,为全局性谋划、战略性布局、整体性推进国家高端智库高质量建设夯实人才基础。但面对国际形势复杂多变、国内智库竞争激烈等现实挑战,浙江大学智库人才队伍发展也面临一些掣肘,如"旋转门"制度停滞不前、校内培养人员(最后学历为浙江大学)比例较高、"非优即走"等规定导致青年人才引进困难等。未来，浙江大学将继续加强对研究为主岗（智库）编制的整体管理，出台一系列智库人才政策"组合拳"，保障智库人才发展的基本需求，畅通智库人才晋升的主要渠道，逐步破除阻碍智库人才"引进、培育、成长、发展、攀峰"的不利因素，为智库人才可持续发展营造良好的生态环境。

以本土化公共政策研究夯实智库人才培养根基

中国社会科学院大学政府管理学院

2020年9月29日，政府管理学院作为中国社会科学院大学12个科教融合学院之一正式成立。2022年6月15日，中国社会科学院大学进一步深化大学科教融合改革，学院在原有基础上进一步融合了当代中国研究所中共党史二级学科博士点、社会发展战略研究院公共管理等相关学科。学院通过科教融合战略建立和完善了"一院对多所（系）"的本—硕—博一体化的科教新模式，目前下设政治学系、中共党史系、公共政策系、行政管理系、社会保障系、政府运行保障管理系和公共管理专业硕士教育中心等若干教学机构，以及若干校级研究机构。

一 人才队伍基本情况

学院教师团队有百余人，其中有享受国务院政府特殊津贴专家十余位，中国社会科学院学部委员2人，5人获国家文化名家暨"四个一批"人才称号，3人获颁国家"万人计划"哲学社会科学领军人才称号，7人入选国家级"百千万人才工程"，1人为国家突出贡献专家，入选青年英才计划和新世纪优秀人才各1人。学院承担国家级和省部级科研课题近200项，获得省部级以上科研奖励80多项；近100项研究成果和重要政策建议被党中央、国务院以及中央部委采纳，产生了良好的学术和社会影响。

二 主要做法和经验

政府管理学院在智库人才队伍建设方面主要从如下四个路径推动师资力量的整合与提升。

（一）搭建品牌项目学术平台，建立不同专业学术共同体

作为一个汇聚国家高端智库研究人才的人文社会科学领域学院，政府管理学院拥有丰富的学术资源和研究实力，尤其在公共政策、社会保障等领域具有学术资源发展与整合的突出优势，为推动知识共享、学术交流，搭建了具有广泛影响效应的"公共政策智库"及"社会保障论坛"等品牌项目或平台，形成由多层次师资力量组成的学术共同体。

（二）以服务国家重大战略需求为目标，全方位推动师资队伍建设

具体做法包括以下方面。（1）科教融合：学院拥有一支高水平的研究队伍和教学团队，通过有效整合政治学研究所、社会发展战略研究院等多个社科院研究机构的相关科研和师资力量共同进行学科建设。（2）团队建设：组建跨学科研究团队，鼓励教师开展交叉学科研究，提升师资队伍的综合研究能力。（3）师资培养：通过提供学术交流、访学等机会，促进教师专业成长，提高师资队伍的整体水平。

（三）坚持创新驱动，推动教师科学研究工作

具体做法有以下几方面。（1）设立专项课题：针对国家重大战略需求设立专项课题，组织跨学科团队开展联合攻关。（2）创新研究方法：积极探索新的研究方法和技术手段，如大数据分析、人工智能等，提高研究质量和效率。（3）学术交流与合作：举办高水平的学术会议和论坛，加强与国内外学术界的交流与合作，推动科研成果的国际传播与扩大影响。（4）智库建设：加强与政府、企事业单位的合作，将科研成果转化为政策建议和实践指导，提升教师科研能力和学院的智库功能。

（四）发挥多学科师资力量优势，提升社会服务能力

教师具体参与社会服务的路径有以下几种。（1）政策咨询：针对国家重大战略需求提供政策咨询和建议，为政府决策提供科学依据。（2）社会

培训：通过开展各类社会培训项目，组织相关教师参与授课，实现教学相长。（3）舆论引导：通过发表学术论文、接受媒体采访等方式，普及公共管理知识、解读国家重大政策，引导社会舆论。

三 存在的问题和下一步工作思路

目前政府管理学院在教学、科研、社会服务等各方面已取得较为可观的成果和发展，初步实现阶段性的发展目标，但在学科建设、人才培养、教学体系建设、发挥院所融合优势方面仍然存在发展的空间，针对这些方面的发展情况，学院将在下列方面从多维度推动改进。

（一）多措并举，助力师资队伍提升

学院内部依托教学系，通过科研立项、导师组建设等方式，由资深学者带动青年学者，形成"你追我赶"的成长氛围。向中青年教师提供更多锻炼机会，帮扶中青年教师成长，如开展中青年教师成长计划、培训计划、弱项帮扶计划、共同课题计划等。通过"请进来"，邀请国内外知名专家面向青年学者，通过讲座、论坛、学术研讨等活动，帮助青年学者了解学科国内外前沿发展；通过"走出去"，为青年学者创造访学、参会等机会，鼓励同学科、跨学科多元化交流。

（二）加强师资队伍建设的制度资源保障

学院内部制度建设将围绕教育部相关评估、考核办法展开，提升办学规范性、制度完善性，加强教学评估、导师评估等。依据校级科研考核机制，制定一套适合学院发展的科研考核机制。在校级科研考核基础上，创新学院考核机制，探索以科研团队成果为基础的激励机制。实施教学评估全覆盖和教学奖励全覆盖，在学院层面设立"优秀任课教师奖""优秀导师奖"等，激励教学队伍专注于教学工作，鼓励申报省部级、国家级教学奖项。

（三）发挥院所融合优势，提升科研整体实力

鼓励资深教授、副教授与青年教师"结对子""传帮带"，鼓励相近专业教师结成小型学术共同体，四位一体专任教师共同参与，开展学术交流和学术合作，相互激励促进，提升科研水平。对标"双一流"建设评价体系，鼓励以科研团队形式形成高水平科研成果。

（四）组织跨学科公共政策研究团队

聚焦中国公共政策的本土特点、主要特点、突出优势等方面进行系统研究，探索构建本土化的公共政策学术体系、理论体系、话语体系，推动本土化公共政策教材编写，为高层次智库人才培养提供更多理论支持和教育资源。

奋力建设国家高端智库 健全人才培养体制机制

中国电子信息产业发展研究院

根据中央编办批复和部党组赋予的职责任务，我院职责定位是开展工业和信息化相关领域基础性、前瞻性、战略性重大问题研究，支撑制造强国和网络强国建设，提出政策建议，提供行业服务。2008年以来，我院主动对标工信部党组的支撑服务工作需要，不断地调整发展战略、优化业务结构，在巩固电子信息、信息化等传统优势业务的同时，率先向工业研究领域拓展，逐步建立了支撑工信部开展各项工作的研究支撑体系，构建了以"赛迪软科学"为基础、"赛迪实验室"为载体、"赛迪军工链"为依托、"赛迪新媒体"为抓手的四大业务体系。2022年我院正式入选国家高端智库建设PY单位。

一 基本情况

目前，我院在职员工2500余人，平均年龄34岁，硕博占比51%，其中，智库人员416名，硕博占比98%；获得高级职称人员361人，包括正高级职称54人、副高级职称307人；拥有10名享受国务院政府特殊津贴专家、1名俄罗斯自然科学院外籍院士。

二 主要做法

一是注重人才工作制度化建设。在人才引进方面，制定了《国家高端智库建设培育工作方案》《国家高端智库人员聘用管理办法》《事业编制人员聘用制管理办法》等，分类确定人才引进的条件、标准，规范人才招聘程序，规划人才培育方向等，推动形成开放、竞争、流动的人才格局。在人才培养方面，在员工不同成长阶段，建立了从"赛迪菁才""赛迪导师"，到"软科学研究岗位内部专业技术职务""首席研究员""首席技术专家"

"首席记者",再到"高层次人才""领军人才""拔尖人才""创新人才"等为主的成长体系,逐步配套制定了相关的制度。比如,赛迪导师相关制度要求,对新员工成长实现一对一、点对点的帮带计划,在帮助新员工尽快适应角色,营造"传、帮、带"的氛围方面发挥了重要作用;获评首席研究员的,在薪酬方面有较大激励,在管理、会议等方面赋予一定权力,同时也对研究人员的研究能力、高层影响力、社会影响力、团队管理能力等提出更高要求,需定期考核。在人才管理方面,制定了《工作人员异地交流任职管理办法》《企业领导人员管理暂行办法》《借调人员管理办法》等,对具有发展潜力和培养前途的年轻干部,通过借调挂职、派往下属企业等方式进行磨炼。比如,定期召开支撑人员座谈会、支撑人员例会,对优秀支撑人员进行表彰、各单位(部门)主要负责同志针对如何提升支撑工作效能做经验分享、院领导对继续做好支撑工作提出希望和要求,有利于形成团结协作、互通有无的良好工作氛围。

二是加大复合型干部人才培养力度。近年来,我院坚持党管干部、党管人才原则,始终把党的政治建设摆在首位,改革人才培养方式,优化人才结构,加大培训力度,不断提高干部人才队伍素质能力。从人才结构看,近年来通过应届毕业生招聘、社会招聘等方式,重点引进了集成电路、电子信息、人工智能、先进制造、军民融合、碳达峰碳中和等工业和信息化重点领域的人才,有效改善了原来以文科背景为主的人才结构。从人才交流看,坚持在业务一线锻炼和培养人才,2016 年以来派出 530 人次借调、支撑 40 余个部门,15 位同志通过援青、援藏、地方挂职、博士服务团等方式得到锻炼,十余名同志参加国务院大督查、中央巡视等专项工作;每年选派 10 名左右干部到我院下属企业或地方机构锻炼。2023 年以来,北京市经济技术开发区、四川省洪射市发展改革局、宁波市经信局等地方政府与我院开展交流,全年选派十余名优秀年轻干部到我院挂职交流。从人才培训看,开展了形式多样的院内培训。其中,赛迪学习论坛围绕新型工业化、数字经济、中国经济走势、碳达峰碳中和、人工智能等工业和信息化领域相关主题开展培训,旨在提升我院中层领导干部的管理能力、决策能力和工作能力,年均

3000 余人参加培训；见知堂系列培训围绕行业研究方法、智能制造、国际安全形势等主题开展，侧重培养提升研究能力、公文写作能力、支撑服务能力，年均 3000 余人参加培训。2023 年，围绕信息写作技巧、前沿热点感知等主题创新开展了"见知堂系列培训——决策信息能力提升培训班"，邀请专家授课并进行实战演练，持续提升我院决策服务能力和业务势能。

三是进一步完善激励机制。首先，坚持对承担重大任务、成绩突出的人员和团队，在工资分配、表彰奖励、职务晋升等方面给予倾斜，以吸引和留住更多的优秀人才。其次，加大对优秀成果、优秀团队的奖励力度。比如，对获得优秀研究成果奖或对高层影响力贡献较大的研究人员，给予一定额度奖励等。最后，明确分类考核方案。根据经营单位和研究单位的不同特点，分类制定考核方案，有针对性地加大薪酬奖励力度，有效契合不同单位（部门）业务发展路径，最大限度调动员工干事创业的积极性。

三 存在的问题及建议

一是国家级人才评选竞争力较弱。对标国家高端智库建设需要，我院人才队伍在数量、结构、能力等方面仍然存在短板。主要表现在，高层次的核心专业技术领军人才不足，行业知名专家和青年专家不多；参评青年拔尖人才等国家人才工程、国家级奖项时，从事软科学研究的人员竞争力相对较弱。建议有关部门在青年拔尖人才、政府特殊津贴等评选中，向从事软科学研究类的事业单位适当予以倾斜，条件允许情况下，希望对有关评选条件的设置进行优化调整。

二是产学研融合的机制还不健全。目前，我院与高校、企业的合作基础薄弱，形式单一，人才培养和交流的效果一般，也难以实现跨学科、跨领域产学研协同攻关。建议上级单位加强对高校、科研院所、相关企业等产学研融合主体的统筹协调力度，通过每年多次开展交流学习、研讨会等活动，争取在人才引进、人才培养、人才选拔任用、共同申报实施课题、科研成果应用及转化等方面实现合作共赢。

打造网信高端智库 为网络强国建设提供智力支撑

中国网络空间研究院

当前,世界百年未有之大变局正在加速演进,国际格局和秩序复杂演变,综合国力的竞争归根到底是人才的竞争。习近平总书记在中央人才工作会议上强调"大力培养使用战略科学家""打造大批一流科技领军人才和创新团队""造就规模宏大的青年科技人才队伍"。[①] 智库人才是智库建设的关键,是新时代治国理政的重要战略资源。实现民族振兴、赢得国际竞争主动,必须抓好智库高端人才队伍建设。近年来,面临新任务、新挑战和新期待,中国网络空间研究院(以下简称"网空院")围绕中心、服务大局,持续紧抓智库人才队伍建设这一重点工程,取得明显成效。

一 基本情况

网空院成立于2015年1月,为中央网信办(国家网信办)管理的正局级公益二类事业单位,主要承担网信战略、网络传播、网络安全、信息化、网络国际问题、网络法治等方面的基础性、前瞻性、综合性研究工作。内设6个研究所和3个综合行政部门,在编干部65人,平均年龄34.8岁,硕士及以上学历人员占88%,其中博士学历人员占34%,研究人员中有高级职称者占60%,人才队伍整体呈现年轻化、高学历、高素质的特点。

---

① 习近平出席中央人才工作会议并发表重要讲话 [OL]. 中国政府网,2021-09-28. https://www.gov.cn/xinwen/2021-09/28/content_5639868.htm.

二 主要做法

（一）坚持政治引领，在实践锻炼中提升研究能力

深刻把握中央网信办政治机关属性，坚持深入学习贯彻习近平总书记关于网络强国的重要思想，通过理论学习，锤炼品格、强化忠诚、凝心铸魂，引导干部更加深刻领悟"两个确立"的决定性意义，增强"四个意识"，坚定"四个自信"，做到"两个维护"。坚持党建与业务深度融合，将领会中央精神与高端智库建设、与业务工作部署相结合，引领干部心怀"国之大者"，围绕大模型、数据跨境流动等网信领域重点问题开展课题研究、内参撰写。坚持"使用是最好的培养"理念，鼓励青年干部在国家重点课题项目中挑大梁，参加人才项目评选、挂职锻炼、"以干代训"等，近年来，选派20余名干部到有关单位挂职、实践锻炼、"以干代训"等，2名同志获批国家级以及中宣部有关人才项目，在实践锻炼和思想碰撞中扩展视野、磨炼本领、提升能力。

（二）拓展发展平台，着力为人才发展提供广阔空间

网空院积极创造条件，紧紧围绕筑牢网信研究基础，创新打造智库品牌，坚持高起点高标准高质量办好《中国网信》杂志，持续做好世界互联网大会蓝皮书、《中国网信年鉴》、《网络空间全球治理大事长编》等的编纂工作，为智库研究人员提供发挥才能的舞台。获批博士后科研工作站，积极推进博士后联合培养工作，充实智库人才队伍。坚持"小机构、大网络"，加入"一带一路"国际智库合作委员会、智库人才培养联盟，与网信企业加强合作，将部分头部互联网企业研究院纳入智库组织架构，举办网络智库骨干人才培训班，搭建智库人才与研究机构、网信企业交流合作的桥梁。注重跨学科、跨领域培养干部队伍，重大任务抽调全院精干力量组成工作小组，涵盖计算机、网络安全、法律、网络传播、国际关系等不同领域的人员，提升人才队伍跨学科研究能力。

（三）完善制度机制，着力培育人才成长肥沃土壤

中央网信办高度重视人才培养和激励，网空院致力于将自身打造成为学习型和育才型组织。2023年累计选派干部90余人次参加各类培训。同时，为进一步激发干事创业活力，网空院结合自身实际，印发绩效考核管理办法、绩效工资分配办法等，充分发挥绩效工作"奖优罚懒"作用，树立正确激励导向。此外，网空院坚持严管与厚爱相结合，在人才培养中严把政治关、廉洁关，印发工作人员与互联网企业交往规范、科研活动规范等，切实将监督执纪和教育引导工作做在平时。通过一系列举措，不断培育风清气正的良好生态。

三 改进的方向和建议

对标网信新型高端智库建设发展目标，网空院在人才队伍建设方面差距明显，如人才队伍整体研究能力还不够强，人才管理、激励、培育等体制机制建设尚需完善，高端人才培养和引进力度有待加强。下一步，对于智库人才培养有以下建议。

一是加强对战略科学家的培养。在智库人才培养中，不断加强政治理论学习、业务学习，拓宽智库人才的知识面，加强跨学科理解能力，聚焦时代之问，胸怀"国之大者"，对国际形势、国家重大需求、特定领域关键问题等进行综合研判和战略谋划。

二是建立高层次会商机制。政府决策部门与智库之间建立定期沟通联系机制，在重大问题解决、咨询论证等方面给予智库更多参与的机会，大胆起用年轻专家，给予其更多信任，让他们充分释放创新想法，让智库人员在重大任务中提升能力。

三是营造出成果、出人才的良好环境。在激励机制、国际合作交流等方面为智库人才创造更多的机会和条件，从制度上优化科研管理、成果转化等环节流程，减少限制，为智库人才营造潜心钻研的良好环境。

建设高水平人才智库　提升决策服务能力

自然资源部油气资源战略研究中心

党的二十大报告提出，要"加强科技基础能力建设，强化科技战略咨询，提升国家创新体系整体效能"①。对此，自然资源部油气资源战略研究中心党委秉承"闯"的精神、"创"的劲头、"干"的作风，紧紧围绕"国之大者"和油气资源战略研究国家智库建设需要，提高站位、找准方位、明确定位，以高质量的辅助决策建议和可借鉴的人才培养模式，为国家能源资源安全保驾护航。

一　基本情况

自然资源部油气资源战略研究中心（以下简称"中心"）成立于2002年1月，是自然资源部承担能源资源保障研究和矿政管理支撑的直属正局级单位。目前，中心在编94人，其中，硕士以上学历71人，占比75.5%；35岁以下人员34人，占比36.2%；石油地质专业副高级以上职称60人，占比63.8%，人才队伍呈现明显"高学历、年轻化、专业化"特征。

二　主要做法

（一）深化科技体制改革

40周岁以下科研人员担任项目负责人和骨干的比例保持在20%以上，不断扩大国家科技计划项目承担规模。广泛搭建学术交流平台，定期举办跨区域、跨学科、跨专业研讨会、报告会、讲堂、论坛和青年沙龙等活动。开展减少科

---

① 习近平：《高举中国特色社会主义伟大旗帜　为全面建设社会主义现代化国家而团结奋斗——在中国共产党第二十次全国代表大会上的报告》[OL]，中国政府网，2022年10月25日，https://www.gov.cn/xinwen/2022-10/25/content_5721685.htm。

研人员考核频次工作试点，探索建立聘期考核、项目周期考核等中长期考核评价机制，并对孕哺期女性科研人员制订更加人性化的评聘考核要求。加大科研助理岗位开发力度，研究制订科研助理聘用管理办法，鼓励各部门从高校毕业生中选拔人才，为项目组提供专业化辅助服务，把科研人员从繁杂的事务性工作中解放出来。合理评价科研人员实际贡献，设置岗位分类评价标准，对履行岗位职责、执行专项任务、参与科研工作、发表论文专著、制定标准规范等方面的突出贡献均给予合理认定，减少实际工作与科技评价之间的偏差。

（二）优化人才结构布局

配合相关司局，积极推进自然资源领域全国重点实验室等国家科技创新平台重组创建工作，注重人才特别是领军人才的选拔培养。强化与中国科学院科技战略咨询研究院的有机衔接和紧密配合，通过加入智库人才培养联盟，建立有效协作机制，加快原始创新和关键核心领域重大突破，持续提升中心学术水平和行业影响力。全面提高人才自主培养质量，坚持"尊重劳动、尊重知识、尊重人才、尊重创造"的指导方针，实施以增加知识价值为导向的分配政策，根据部门反馈意见及时修订绩效工资分配办法（试行）及奖励细则，加强科研人员特别是青年科研人员安身、安心、安业保障制度建设，更好激发各类人才创新活力和创造潜力。

（三）推进创新文化体系建设

精心培育敢为人先、勇攀高峰、开放包容、互学互鉴的文化底蕴，引导激励广大科研人员提出新理论、开辟新领域、探索新路径，在独创独有上下功夫。大力弘扬科学家精神，广泛宣传老一辈科学家和新时代优秀科技工作者勇于探索、献身科学的先进事迹，激励科研人员树立家国情怀、形成使命驱动，将个人学术追求与党和人民事业紧密结合，年底前突出表彰一批矢志爱国奋斗、锐意开拓进取的先进科研人员代表。涵养优良学风，加强科研诚信和科研伦理建设，引导科研人员坚持学术标准、发扬学术民主，力戒浮躁、安心钻研，营造风清气正的科研环境。

三 问题建议

在取得成绩的同时，中心感到在人才培养方面与党中央、自然资源部党组织的要求还有一定差距，主要表现为：能源安全战略研究的前瞻性、可操作性还不够强；矿产资源管理改革重大问题研究还不够系统深入；矿政管理支撑方式和效率还有待进一步优化提升等。这些问题，都需要在今后的工作中加以解决。

（一）大力弘扬科学家精神

继承和发扬老一代科学家艰苦奋斗、科学报国的优秀品质，坚持能源资源保障研究与矿政管理支撑"两手抓、两手都要硬"，着力攻克事关国家安全、经济发展、生态保护、民生改善的基础前沿难题和核心关键技术。坚定敢为人先的信心和勇气，积极开展跨部门、跨领域联合研究，在独创独有上下功夫，在担当作为上见真章。坚持解放思想、独立思辨、理性质疑、大胆假设，不迷信学术权威，不受外界因素干扰，不随意变换研究方向，瞄准一流水平，敢于形成特有的行业话语体系。坚决破除论资排辈的陈旧观念，善于发现培养青年科技人才，敢于放手，支持其在重大科研任务中挑大梁、当主角，甘做致力提携后学的"铺路石"和领路人。

（二）深化科研领域"放管服"改革

建立以信任为前提、诚信为底线的科研管理机制，赋予项目负责人更大的技术路线决策权、经费支配权、资源调动权。根据不同科研活动特点，建立部门预算项目稳定支持、国家科技项目竞争申报、横向合作项目定向委托等资源配置方式，合理控制项目数量和规模。建立健全部门预算项目预先储备制度，根据业务司局制定的中期项目申报指引和本单位使命任务开展可行性研究、编制项目文本、完成立项论证，经集体决策同意后纳入项目储备。不断完善分层分级责任担当机制，合理区分改革创新、探索性试验、推动发展的无意过失与明知故犯、失职渎职、谋取私利等违纪违法行为，敢于为科研人员的探索失败担当责任。强化内部科研管理，减少繁文缛节，不层层加码，按照申报材料只需提交 1 次要求，严格控制报送材料数量、种类和频次，对照项目可行性报告（延续报告）从严开展项目成果考核验收。

（三）正确发挥评价引导作用

突出品德、能力、业绩导向，克服唯论文、唯职称、唯学历、唯奖项倾向，推行代表作评价制度，注重标志性成果的质量、贡献、影响，把学科领域活跃度和影响力、重要学术组织或期刊任职、研发成果原创性、成果转化效益、科技服务满意率等作为重要评价指标，在岗位聘用、职称评定、绩效奖励、评先创优中予以体现。注重个人评价与团队评价相结合，尊重和认可团队所有参与者的实际贡献。注重发挥同行评议机制在评价中的积极作用。规范人才流动秩序，引导人才良性竞争和有序流动，探索人才共享机制。坚持评用结合，根据工作实际建立人才分类评价指标体系，突出岗位履职评价，完善内部监督机制，使人才发展与单位使命更好协调统一。

（四）强化科研诚信监督管理

中心作为科研诚信建设的责任主体，定期对加强科研诚信建设做出具体安排，并将科研诚信工作纳入全年常态化管理。科研处负责科研管理办法的修订完善，将科研诚信建设要求落实到项目立项、方案评审、中期评估（成果交流）、结题验收等计划管理的全过程。纪委办结合各种时机，对项目负责人开展科研诚信争议审核，将具备良好科研诚信作为参与开展各类科技项目的必备条件。其他管理部门也将科研诚信结果查询列为干部选拔、职称评定、岗位遴选、绩效分配等工作的必经程序。中心学术委员会切实发挥审议、评定、受理、调查、反馈等职能作用，对违背科研诚信要求的行为，发现一起，查处一起，以"零容忍"态度坚决遏制科研人员反映强烈的科技活动违规行为。

全球化智库（CCG）人才队伍建设的理论研究和具体实践

全球化智库（CCG）

智库是产生思想的地方，智力资本是智库的核心资本。正所谓"多士成大业，群贤济弘绩"。智库依靠人才生产思想，发掘和打造人力资本是智库最重要的技能之一。

全球化智库（CCG）作为国内最大的国际化社会智库，拥有100多人全职的智库研究与活动团队，在广州、青岛、深圳/东莞、成都成立了四个研究院，在上海、深圳分别设立了上海分会、深圳分会，成立了一带一路研究所、世界华商研究所、华人华侨研究所、中国移民研究中心，并在华盛顿、纽约、伦敦、法兰克福、巴黎、悉尼和里约热内卢等设立了海外代表，是在全球研究网点最多的中国社会智库。CCG拥有国家颁发的博士后科研工作站资质，是中央人才工作协调小组全国人才理论研究基地、人社部中国人才研究会中国国际人才专业委员会所在地。

CCG始终重视人才队伍建设，在人才队伍建设的理论研究方面拥有丰富成果，走出了一条独具特色的智库人才建设道路。

一　汇聚世界一流智力资源

根据全球化智库（CCG）理事长王辉耀的研究，智库的"高级人才库"主要由四类人才组成：高端智囊人才、领军人才、独立研究人才以及新型综合人才。

智库最关键的就是领军人才，领军人才是人才中的人才，是决定一个智库研究水准的关键因素。智库领军人才的重要性不仅在于人才本身，更在于其号召力，其能吸引和凝聚一大批优秀的专家学者，整合包括智力资源在内的多种资源。某种程度上，领军人才的视野和影响力决定了一家智库往哪个方向走以及最终能走多远。王辉耀认为，智库的领军人才应该具备战略性眼光，能够对机构进行准确的定位，可以对风险与机遇有一个很好的预判；最好具备学界、政界等跨界工作阅历，在具有深厚研究功底的同时，还有丰富的决策经验与建言献策渠道；能够对政府、媒体、公众进行思想传播，具有强大的感染力与影响力。

高端智囊人才需要拥有自己参政议政的渠道，能通过著书立说传播思想、影响决策。这类人才来源于前政府高官以及对政府有影响力的知名学者，要吸纳这种人才，除了智库本身要有足够吸引力，还有赖于"旋转门"机制的健全和完善。CCG经过多年实践，探索打造出一支由高端智囊人才组成的顾问委员会，比如商务部原副部长陈健、财政部原副部长朱光耀、联合国前副秘书长沙祖康、中国石油化工集团原董事长傅成玉，以及WTO前总干事帕斯卡尔·拉米（Pascal Lamy）、澳大利亚前总理陆克文等，他们在国际合作、全球治理、国际贸易、人才发展、企业全球化等领域，为参与推动和影响诸多国家发展和全球治理政策提供专业指导。

此外，独立研究人才和新型综合人才也很重要。CCG在吸纳人才的时候，不但看重人才的研究能力、独立思考能力和创新能力，同样强调管理能力，尤其倾向于懂得非营利机构运营管理、能够使智库内部资源实现优化配置、提高智库运营效率的人才。

二 实现人才的多元化与国际化

亚当·斯密研究所（Adam Smith Institute）认为，相似教育背景下出来的人往往想法雷同，从而很难产生差异较大的思想。不断的思想创新是给养智库生命的源头活水，如果源头枯竭，智库生命自然危在旦夕。所以，从智库长远发展的角度考虑，多元的文化背景与专业背景应该成为智库选择人才时重要的参考标准。

CCG拥有全职智库研究和专业人员百余人，他们来自哈佛大学、哥伦比亚大学、华盛顿大学、剑桥大学、牛津大学、曼彻斯特大学、伦敦政治经济学院、爱丁堡大学、美国史蒂文斯理工学院、布达佩斯考文纽斯大学、美国乔治城大学、新加坡国立大学、清华大学、北京大学等国内外名校；他们有着跨学科的协同研究能力，研究人员的专业涵盖了经济学、社会学、哲学、企业管理、法学、计算机、国际关系、政策分析等约20个专业；其中博士占比37%，硕士占比54%。CCG不断优化人才结构，培养及引进高素质人才，形成了多元化、国际化的人才组织架构，为智库发展提供了智力保障。

CCG不仅吸引了国内一流专家学者、企业家和知名人士以各类形式展开相关智库工作，还在全球范围内招揽具有政策创新能力、能推动政府决策、拥有国际一流研究成果的专家，目前已形成由200余名海内外杰出专家学者组成的国际研究网络，持续以国际化的研究视野，在中国与全球化发展相关研究领域开展领先研究。

CCG参考国际知名智库的"旋转门"机制，探索打造出国际化的咨询委员会，使其成为CCG重要的平台资源。现任CCG咨询委员会名誉主席由商务部原部长陈德铭担任；现任主席由原对外经济贸易部副部长、博鳌亚洲论坛原秘书长龙永图担任；现任联席主席由外交部原副部长、国务院侨办原副主任何亚非先生与恒隆地产有限公司荣誉董事长、亚洲协会香港中心主席陈启宗担任。

三 注重人才的培养

智库要缔造"高级人才库"，不但要吸引人才，更要留住人才，这就要求智库注重人才的培养。员工培训是留住人才的重要法宝，更是智库生产力的重要来源。研究发现，那些获得新知识与新技能的员工，会产生更多的满足感与成就感，这就大大提振了员工的士气，更有利于留住优秀员工，而且一个有着优秀培训声誉的智库在招聘员工时也更有优势。

CCG实行了"人才培养计划"和"实习生计划"，为多元人才及高校学生提供了学习、发展和实践的国际化平台。CCG还设立了博士后工作站，获得人社部、全国博士后管委会授予的独立招收博士后资质，是全国鲜有的获此资质的博士后工作站之一。这标志着CCG高层次创新型智库研究人才培养和使用工作取得了重大突破，将进一步提升 CCG 的人才吸引、培养及研究能力。在此之前，CCG 博士后科研工作站与清华大学、北京师范大学等合作培养博士后，对智库发展提供了帮助，同时也培养了一批高素质的智库型博士后人才。成立以来，博士后科研工作站共招收培养出站博士后多人，并留用其中优秀出站博士后。科研工作站培养的博士后围绕 CCG 的主要研究领域承担了多个科研项目，产出了高质量的研究成果。

四　搭建灵活的用人和育人机制

在众多国际智库中，除了兰德公司，其他智库的常规人员规模都不算大，基本在 300 人以下，大部分不到 100 人。对于智库这类非营利机构，充分利用"外脑"，搭建灵活的用人机制，在人员结构上进行合理布局十分重要。

实习生是 CCG 人才队伍中重要的一分子，他们来自剑桥大学、巴黎政治大学、伦敦政治经济学院、芝加哥大学、多伦多大学、昆士兰大学、澳大利亚国立大学、北京大学、清华大学、外交学院、国际关系学院、北京外国语大学等国内外知名高校，其中也包括多位在华留学生。虽然实习生不是正式员工，但 CCG 非常重视对实习生的培养，给予他们同样的培训学习、参与重要课题的机会。实习结束后，CCG 还与实习生保持定期的联系与沟通，并将其纳入 CCG 人才库和校友库。

融智库人才真知,筑央企创新长城

中电数字场景科技研究院

一　中电数字场景科技研究院定位

中电数字场景科技研究院隶属于中国电子信息产业集团有限公司直属二级企业中电长城网际系统应用有限公司,定位是:打造国家数据要素产业创新中心,以智库模式协同产业科技研究院、行业研究院、高等院校、科研院所、龙头企业的数字场景科技研究,作为央企智库建设的重要载体,同时对跨学科跨领域的智库人才有着迫切需求;未来在"科教融合"和"产教融合"双融合方面发挥桥梁作用,并联合央国企、地方政府将数字化发展向实体化落地。中电数字场景科技研究院秉持践行"十四五"规划的数字中国战略,发挥"政产学研金服用"联动发展的优势,服务于部委、地方政府和央国企数字化转型,围绕数据要素领域研究成果和实践经验赋能产业发展,实现以云边端一体化的数据安全为核心、以数字资产为抓手的产业场景融合发展的数字生态。

二　人才队伍建设的指导原则

智库人才选拔的标准是什么?参照党选拔干部的标准,要求干部队伍"四化",即革命化、年轻化、知识化、专业化。中央企业承担着国家重点领域的发展战略任务,战略任务的执行主体——人才是战略落地的核心关键,人才作为生产要素发挥着以才育才、以才促科的重要作用,人才联盟有力地促进了跨领域跨学科的智库交流,符合科技创新融合发展的国际趋势,联盟的成立正当其时,中央企业必须参与进去,而且要有所作为。2023年5月,国务院国资委印发了《关于中央企业新型智库建设的意见》,从国资委的角度，中央企业新型智库是以战略问题和创新发展为主要研究对象，以服务党和政府、国资国企改革发展和行业产业科学决策为宗旨的研究咨询机构。什么样的人可以称为智库人才？从国家、央企和各个企业的数字化转型角度来看，能够从事面向决策者的咨询和设计工作的人才，都可作为智库人才。目前中电数字场景科技研究院正在与中国经济体制机制改革研究会（中国经济改革研究基金会）开展数据要素资产化研究，结合国家数据局制订的《"数据要素 x"三年行动计划（2024-2026 年）》，围绕 12 个场景开展政府、行业和个人数据要素研究工作，服务国家"十四五"规划、粤港澳发展、"一带一路"业务落地，从产业链的思维角度开展企业业务经营，影响集团和相关决策单位制定政策。

（一）智库单位及人才队伍建设总体情况介绍

人才队伍建设按照"一核多态"的建设原则展开。"一核"即围绕中国电子信息产业集团有限公司赋予二级公司的大数据和大数据安全国家队的战略定位，以"大数据科技"为核。现有在院工作人员 12 人，其中有博士 1 人、硕士 7 人、本科 4 人，基本是计算机相关专业毕业的技术型人才。区域建设按照"总部和分中心"协同发展模式，目前除北京总部外，下设的青岛分中心正在筹备中，主营业务围绕城市信息模型大数据、海上风电场能源大数据、区域信创、数据要素资产化服务平台等展开，目前希望在部委、中电集团、智库联盟的支持下，打造区域和行业融合的数据要素市场化配置和改革的标杆研究机构。"多态"即多种生态联合的工作方式。面向全国智库联盟，研究院已经与工信部直属研究院在工业互联网标识解析体系、工业数据资产登记、区块链、大数据和大数据安全、智慧城市规划方面达成合作意向，与中国城市规划设计研究院、清华大学建筑学院在城市信息模型方面开展合作；面向区域智库联盟，与国家级海洋实验室、山东产研院等单位在山东区域开展合作，与国家电投、中石油等能源企业在数智化平台方面开展合作；面向数据要素化顶层规划研究，与中国经济改革研究基金会在数据要素资产化方面开展全方位合作；特别是在智库联盟顶层合作方面，在中科院科技战略咨询研究院指导下,从智库建设总体方法论角度,进一步加强理论结合实际的生态建设。

(二)智库人才队伍建设面临的主要问题

1. 理论与实践相结合难度大

研究院的项目一般是政府的信息系统工程类项目,相关人才需具备咨询业务背景,同时兼具软硬件平台的落地实施经验和项目管理经验,既懂业务又懂技术、既懂政府行政管理流程又懂项目管理交付落地,以保证项目保质保量落地满足各方建设需求。

2. 业务发展和安全可控难兼顾

智库建设不以经济利益为核心,而是以国家安全总体战略目标为核心,企业智库在企业少投入的情况下如何实现收支平衡是吸引人才的关键核心,收入指标的考核压力过重会导致与战略目标的偏离。

3. 跨领域协同发展难兼顾

在大数据领域面临的"五跨三融合"问题,是数字中国总体战略框架下要解决的核心问题,涉及组织、区域、机制、体制、行业、技术、标准等一系列的融合创新,对人才的知识结构、社会背景、工作方式都有很高的要求。

(三)智库人才队伍建设的探索与实践

1. 选人用人的三方面基本要求

(1)多样性,有不同工作岗位和不同行业的跨学科研究和实践背景,无论是政策研究、理论研究、学术研究还是工程技术实践,无论是工科还是理科。

(2)丰富的失败经验教训或者成功经历,可以从失败和成功中总结经验供决策参考,综合性和复杂性工作经历对从事智库工作有很大帮助,但需要长期在信息化领域的深耕才可从事综合性智库工作。

(3)系统性思维方式,从政府、产业、学科、研究、金融、服务、应用等多个维度综合性思考和总结观点，并能为决策者提出合理化建议。

2. 技能要求方面按照不同岗位职责有不同划分

结合团队自身的情况，智库人才需从科技一线工作者做起，转型到架构师，再转型到业务咨询顾问，在不同的咨询项目里进行锤炼，掌握通用的调研和分析方法，理论结合实际积累经验，方可形成面向决策者的建言献策的基础。

（1）咨询方案类：需要具备10年以上工作经验，硕士及以上学历，有在大型国（央）企或者500强企业从业经验，具备咨询业务背景或者系统架构师工作经历，有TOGAF、ITIL、ITSSP等资质证书，带领过2~3个大型信息系统平台建设项目，有30人以上团队管理经验。

（2）项目管理类：需要具备10年以上工作经历，本科及以上学历，有大型国（央）企或者500强企业从业经验，有面向国家部委、政府机关、国（央）企的千万元以上项目管理经验，具有PMP项目管理资格认证，懂得项目关系人管理、人员组织管理和成本管理，有50人以上团队管理经验。

（3）产品研究类：需要具备10年以上工作经历，博士学历，具有科研院所或互联网公司产品设计和开发经验，有成熟代表作并成功实现商业化模式转化，特别是在C端数据价值化和企业端数据资产、证券法方向有研究和实践经验，有10人以上团队管理经验。

（四）推进智库人才队伍建设的建议

1. 坚持课题需求牵引

从国家智库人才建设的课题项目需求出发，智库和企业单位共同参与课题调研，有利于联盟参与成员了解总体目标，以课题带动联盟建设，以"研究真问题，真研究问题"为准则推动智库人才培养。

2. 坚持生态融合创新发展

对联盟成员开放可共同参与的国家课题，各成员单位取长补短，可开展联合交叉课题研究。

3. 坚持专业技能建设为先

举办垂直行业的专题论坛，比如可以在智库内建立数据要素资产化方向的工作坊，邀请智库单位成员及外部成员单位一同参加，形成产业界内外的思想火花碰撞。

创新智库人才发展机制 打造开放柔性科研组织

南方电网能源发展研究院

一 智库单位及人才队伍建设总体情况介绍

南方电网能源发展研究院（简称"南网能源院"）成立于2017年，是南方电网的全资子公司和企业智库，也是服务国家能源战略、服务能源电力行业、服务经济社会发展的行业智囊。成立以来，南网能源院除承担南方电网公司研究课题，还承担国家部委、南方五省区及港澳特区政府及行业智库课题153项，获中央领导、国家部委领导、五省区政府主要领导同志等批示18次，11项研究成果转化为国家部委印发的行业政策性文件、指导意见，参与37项国标、行业标准编制，获得了一批国家与行业级奖励。

目前，南网能源院员工平均年龄35岁，硕博士占比90%，高级职称者占比超过40%，人才素质当量位居南网系统前列。培养引进国务院政府特殊津贴专家、南方电网首席专家1人，国家级人才计划人选2名，南网战略级专家3人，南网重大科研团队成员50人。

南网能源院始终将人才作为企业的第一核心竞争力，持续完善"选用育留"机制，不断探索适合自身发展的央企智库人才培养之道。建设形成了专业技术岗位体系、细分方向负责人竞争性选用体系、全员任期制责任体系、"上挂下派"培养历练体系、用工与效率挂钩定员体系、中长期分红体系、价值创造激励体系等，打造了南方电网公司的"电碳耦合与能源经济人才高地"。人才培养体系被评为"中国智库综合评价内部治理创新案例""中国企业人力资源管理优秀案例"，南网能源院被评为"中电联电力人才培养先进企业"。

二 智库人才队伍建设的探索与实践

南网能源院以岗位体系为核心、以组织体系为载体，持续优化人才生态，释放人才活力，激发人才效能。通过搭建岗位体系、量化选聘评价标准、打造多元发展通道，建设公平公正、唯才是用、充满活力的人才发展机制。通过组建柔性项目研究团队、试点PI负责制、加强外部智力资源柔性使用，充分打造开放、共享、高效的科研组织体系。

一是搭建智库岗位体系，畅通人才发展通道。南网能源院基于能源电力、经济管理两大学科，实施从新入企员工到领军人才的全周期"金字塔"形岗位体系，建立4层12级"研究员"岗位通道，构建项目累积、奖励表彰、知识产权、人才发展共4类16项成果标准，每项成果均量化计分，确保公平公正。实施"每年有选聘，晋退业绩定"，大胆使用优秀青年人才，成果特别丰硕或取得突出业绩的研究员，可进行跨岗申报，2020年以来18%的新聘任研究员凭借突出业绩实现跨岗级晋升，平均年龄仅为34.5岁，职业发展实现从"千军万马挤官道"转变为"多元发展畅通道"。

二是适配项目创新变化要求，打造"去边界"组织。推进项目矩阵化管理。根据研究方向组建柔性的25个项目团队，压实项目经理管理权限，实现按研究需求迅速配置资源；以项目制为纽带，以业务价值链为主体，跨部门、单位组建柔性研究团队，集中优势力量推动重大项目攻关，支持按价值贡献划分产值和共享成果，激发协同创新创效活力。探索实施PI（首席研究员）负责制，在电碳耦合、新型电力系统、能源数字经济方向试点PI负责制，赋予PI完全的研发选题权、经费使用权、成员选择权、绩效考核及分配权等，全面落实PI在创新中的主体主责定位，鼓励开展探索性、前瞻性研究。以PI团队为试验田，探索高层次人才协议工资制、OKRs战略管控、团队薪酬包等创新管理方式，优化高层次人才发展平台，打造高水平创新团队。

三是构建"强核心+大外围"的智力组织体系。拓展项目引才方式，建立规范有效、运行简易的特邀专家、客座研究员机制，分专业网罗外部资源，搭建涵盖 20 个二级学科领域 345 名专家学者的"客座研究员"外脑专家库，累计引入 58 名高校、科研院所、企业专家参与项目研究。在"以我为主"自主研发基础上，以精干高效的内部核心骨干，专业齐全、行业知名的外脑网络，形成内外互补人才合力，构筑符合智库特征的"强核心+大外围"智力生态。

三 智库人才队伍建设面临的主要问题

目前智库人才结构存在短板，具体表现为人才队伍年轻化、高素质，但研究经验、实践经验不足，有影响力领军专家短缺，高层次专家队伍难以支撑一流研究成果。

四 推进智库人才队伍建设的建议

一是充分发挥智库人才培养联盟的影响力，通过论坛会议、课题研究、调查研究等促进政府、高校、企业不同类型智库之间的交流合作。二是总结提炼智库人才发展模型、培养范式，为智库人才培养提供切实有效的理论指导、实践经验。

加强智库人才队伍建设　增进中外文明交流互鉴

文化和旅游部中外文化交流中心

根据文化和旅游部中外文化交流中心近期工作经验，现以2023年青年汉学家研修计划为例，简述在智库人才交流、合作部分的实际工作情况。

一　主要情况

青年汉学家研修计划由文化和旅游部主办，文化和旅游部中外文化交流中心作为总协调单位，依托中国各省（市）政府和学术机构联合承办，旨在搭建一个支持海外青年汉学家开展中国学研究的平台，为其学术研究提供便利和实质性帮助，支持其与学术、文化、教育领域中国优秀的机构、团体、企业和学者开展交流和合作研究项目，帮助其提升学术水平和国际影响力。每期研修班为期21天，主要日程包括开班仪式、集中授课、对口研修、实地考察、论文交流、结业仪式等。

2023年，文化和旅游部中外文化交流中心协调新疆维吾尔自治区文化和旅游厅、新疆师范大学、山东省文化和旅游厅、山东师范大学、上海社会科学院等机构，围绕"一带一路"与国家公共产品研究、中华优秀传统文化与中华文明的突出特性研究、中国式现代化的中国特色与世界意义研究等主题开设新疆、山东、上海三个研修班，组织邀请来自45个国家的70位青年汉学家来华。同时，协调筹备"良渚论坛"青年汉学家分论坛、新疆班专场会见与座谈交流、青年汉学家参与世界中国学大会·上海论坛等研修配套活动。

二　主要特点

（一）践行全球文明倡议，推动中外文明交流互鉴

2023年青年汉学家研修计划各研修班及配套活动，紧密围绕习近平总

书记系列重要论述精神，结合学者的研修特长，匹配专业学术力量，组织海外青年学者学习习近平总书记重要讲话精神，沿着习近平总书记考察调研路线，了解新时代中国发展的伟大成就，感悟习近平新时代中国特色社会主义思想的实践伟力。

青年汉学家们通过在中国的研修，亲眼见证当代中国的发展，加深了对中国的了解，例如零距离体验"一带一路"背景下中国开放发展的新境界和新格局，了解儒家优秀思想文化对中华民族的深远影响，感受儒家哲学思想、治国理念、道德标准在当代中国的传承与发展，了解中国文化遗产保护、生态文明建设与现代科技发展的方针政策和具体举措等。这些研修活动促进了海外汉学家深入、系统、多维度、多视角的中国研究，也有利于中外学者充分开展学术交流，取得了积极成果。

2023年青年汉学家研修计划为海外青年汉学家理解和研究当代中国提供了丰富的学术盛宴和生动的现实视角，逐步推动习近平新时代中国特色社会主义思想研究成为国际汉学研究的核心课题，培养了知华友华的国际学术力量，为扩大中外文化交流和开展文明交流互鉴发挥了战略性、前瞻性和基础性作用。

（二）充分发挥青年汉学家在中外文明交流互鉴中的生力军作用，提升国际传播能力，不断增强中华文明的传播力、影响力

为充分发挥青年汉学家力量，青年汉学家研修计划还举办了多项配套活动，邀请外国青年汉学家代表，从各自研究领域出发，分享其对于共建"一带一路"倡议加深文明交流互鉴、"文化丝路"带来"民心相通"、中国式现代化创造人类文明新形态等热门话题的认识，秉持丝路精神，以"汉学"为桥梁，打破沟通交流障碍，用"外嘴"讲好中国故事，用青年力量书写当代中国研究的新篇章，彰显世界青年推动文明交流互鉴的责任与担当。

例如，在"良渚论坛"青年汉学家分论坛中，哈萨克斯坦总统战略研究所首席研究员阿迪力·卡吾肯诺夫表示，很高兴见证十年来共建"一带

"一路"倡议取得世界各国的认可,而各国人民之间的和睦相处是"一带一路"建设的社会基础。在他看来,这一倡议背后还体现了对世界青年交流的重视。奥地利欧亚太平洋学术协会副主席雷佩克讲述了他眼中的"文化丝路"是在最有意义的框架内,使文化和人与人之间的交流得到了促进,正如古代丝绸之路是中国文明连通外部世界的一条纽带,如今共建"一带一路"倡议也在新时代极大地推动了文化交流和学术进步。

多位青年汉学家接受国内外主流媒体采访,从切身感受、研修收获、热门话题等角度,对研修成果给予高度评价。例如,马来西亚华人博物馆执行主任林家豪接受中国文化报采访时表示,通过此次研修之旅,他发现中国和马来西亚两国之间在宗教、文化、艺术等方面有很多共同点,希望未来有机会与中国开展更多交流合作,促进两国友好互信。波兰华沙大学汉学系助教孔孝文现场聆听习近平主席向首届"良渚论坛"所致贺信后,向新华社记者表示,中国和波兰之间的文化交流活动正变得越来越丰富,华沙大学的汉学专业已经成为最热门的专业之一,他相信中国同各国在文化和学术研究领域的紧密合作和交流,一定可以让世界文明百花园更加多姿多彩。

(三)拓展国际"朋友圈",进行机制化、系统化的日常维护

通过青年汉学家研修计划,充分发挥渠道及资源优势,进一步动员国内外力量,做好国际"朋友圈"的维护和拓展工作。在日常维护上,通过日常问候、定期分享资讯动态、组织邀请参与相关活动等方式,增强"朋友圈"黏性和活跃度,及时了解、掌握青年汉学家相关动态及工作成果,为扩大知华友华力量提供有力支撑。

参考文献

[1] 潘教峰等. 智库科学与工程导论 [M]. 科学出版社, 2023.

[2] 陈晓晖, 刘洋. 美国智库的人才管理经验及其启示 [J]. 中国人事科学, 2019 (3).

[3] 陈英霞, 刘昊. 美国一流高校智库人员配置与管理模式研究——以斯坦福大学胡佛研究所为例 [J]. 比较教育研究, 2014, 36 (02).

[4] 程广沛. 新时代教育智库人才治理体系建构研究 [J]. 办公室业务, 2023 (4).

[5] 程建平. 高校智库建设的功能定位、运行机制与路径选择 [J]. 社会治理, 2020 (6).

[6] 戴亚飞, 杜全生, 潘庆, 陈拥军. 探索中前行的交叉科学发展之路 [J]. 大学与学科, 2021, 2 (4).

[7] 李曜坤, 牛家儒. 深入推进我国智库体系建设的思路与建议 [J]. 社会治理, 2018 (10).

[8] 储节旺, 杨凯. 创新驱动发展中政府智库的作用机制研究 [J/OL]. 图书馆理论与实践, 2018 (5).

[9] 储节旺, 朱丽梅. 服务于创新驱动发展战略的政府智库运行机制研究 [J/OL]. 情报理论与实践, 2018, 41 (1).

[10] 裴瑞敏, 杨国梁, 潘教峰. 智库型组织的发展逻辑: 内涵功能、演进

动力与研究特征［J］．科研管理，2022，43（10）．

［11］潘教峰，鲁晓．关于智库研究逻辑体系的系统思考［J］．中国科学院院刊，2018，33（10）．

［12］潘教峰主编．智库双螺旋法应用3［M］．北京：中国言实出版社，2023．

［13］王辉耀，苗绿．大国背后的"第四力量"［M］．北京：中信出版社，2017．

［14］邱丹逸，袁永．我国科技决策智库人才队伍建设研究［J］．科技管理研究，2019，39（21）．

［15］周湘智．智库建设急需高端人才［J］．理论学习，2015（3）．

［16］庆海涛，李刚．智库专家评价指标体系研究［J］．图书馆论坛，2017，37（10）．

［17］叶京，陈梦玫．新型智库发展趋势下智库人才队伍建设的对策研究［J］．社科纵横，2020，35（09）．

［18］杨文慧，李宏，孔媛．国外智库研究人才组织与流动模式研究［J/OL］．智库理论与实践，2018，3（4）．

［19］Barros A，Taylor S. Think-Tanks，Business and Civil Society：The Ethics of Promoting Pro-corporate Ideologies［J/OL］．Journal of Business Ethics，2020，162（3）：505-517. DOI：10.1007/s10551-018-4007-y.

［20］《中国科学院院刊》编辑部，杨柳春．智库科学与工程：新型高端智库建设从专业化、科学化走向学科化——潘教峰研究员访谈［J］．中国科学院院刊，2022，37（9）．

［21］中共山东省委组织部等12部门．关于加快智库高端人才队伍建设的实施意见．鲁组发〔2015〕63号．

［22］郭周明，刘静知，中国智库人才观：用"智"无敌是长城［J］．中国外资，2020（5）．

［23］辛继湘．教科书研究的文化逻辑［J］．教育科学，2020（4）．

图书在版编目(CIP)数据

智库人才报告.2024/潘教峰等著.--北京：社会科学文献出版社，2024.9.--ISBN 978-7-5228-4211-0

Ⅰ.C932.82

中国国家版本馆CIP数据核字第2024T0R480号

智库人才报告2024

著　　者 /	潘教峰 等
出 版 人 /	冀祥德
组稿编辑 /	任文武
责任编辑 /	丁　凡
责任印制 /	王京美
出　　版 /	社会科学文献出版社·生态文明分社（010）59367143
	地址：北京市北三环中路甲29号院华龙大厦　邮编：100029
	网址：www.ssap.com.cn
发　　行 /	社会科学文献出版社（010）59367028
印　　装 /	三河市东方印刷有限公司
规　　格 /	开　本：787mm×1092mm　1/16
	印　张：13　字　数：198千字
版　　次 /	2024年9月第1版　2024年9月第1次印刷
书　　号 /	ISBN 978-7-5228-4211-0
定　　价 /	88.00元

读者服务电话：4008918866

版权所有 翻印必究